ESPACIO JOVEN 360

Libro del alumno

Equipo ESPACIO

Nivel

B1.2

Edinumen

© Equipo ESPACIO:
María Carmen Cabeza Sánchez, Francisca Fernández Vargas, Luisa Galán Martínez, Emilio José Marín Mora, Liliana Pereyra Brizuela, Francisco Fidel Riva Fernández y equipo Nuevo Prisma.
Coordinación: David Isa de los Santos

Depósito legal: M-781-2017
ISBN - Libro del alumno + CD: 978-84-9848-838-8

Impreso en España
Printed in Spain

Coordinación editorial:
David Isa

Diseño, maquetación e ilustraciones:
Carlos Casado y Juanjo López

Actividades interactivas:
Antonio Arias y Eva Gallego

Fotografías:
Archivo Edinumen

Impresión:
Gráficas Glodami. Madrid

Editorial Edinumen
José Celestino Mutis, 4. 28028 Madrid. España
Teléfono: (34) 91 308 51 42
Fax: (34) 91 319 93 09
e-mail: edinumen@edinumen.es
www.edinumen.es

Con EXTENSIÓN DIGITAL

ELEteca un espacio en constante actualización

- Las actividades de este libro se amplían y complementan en un **espacio web de extensión al aprendizaje**.
- Para acceder a este espacio, entra en la **ELEteca** (***eleteca.edinumen.es***), y activa el código que tienes debajo.

Extensión digital

Código de acceso

rUMQBRzJZ0

PRESENTACIÓN

Espacio Joven 360º es un curso comunicativo de lengua y cultura españolas que integra contenidos multimedia para facilitar una nueva experiencia de aprendizaje a jóvenes adolescentes, adaptándose a la forma en la que ellos interactúan en su día a día.

Dividido en cinco niveles y siguiendo las directrices del *Marco común europeo de referencia* (MCER) y del *Plan curricular del Instituto Cervantes*, **Espacio Joven 360º** conduce a la adquisición de una competencia comunicativa del nivel B1.2 y prepara para los nuevos exámenes DELE.

COMPONENTES

Cada uno de los componentes combina libros en papel con herramientas y contenidos digitales pensados para ser utilizados en ordenadores (PC, Mac), iPads y *tablets* de Android, con o sin conexión a Internet.

A la versión digital se accede a través de una plataforma de aprendizaje (**ELEteca**), desde la que podrás gestionar de manera sencilla todos los contenidos relacionados con el curso.

EXTENSIÓN DIGITAL ALUMNO

MATERIALES MULTIMEDIA

Espacio Joven 360º cuenta con una gran cantidad de recursos multimedia que han sido diseñados para enriquecer el proceso de enseñanza y aprendizaje, y que se ofrecen integrados en la secuencia didáctica del libro del estudiante.

ELEteca

A lo largo de las unidades se hace referencia a una serie de **instrumentos digitales** a disposición del estudiante que permiten la **profundización** y la **revisión** de los contenidos, **dinamizando** el curso.

Actividades interactivas

+ Prácticas

Cada uno de los contenidos que aparecen en la unidad se complementan con nuevas actividades *online* para practicar y repasar de una manera divertida.

Películas

Sesión de cine

Secuencias de películas hispanas para trabajar el componente cultural.

Actividades colaborativas

Actividades variadas concebidas para ser desarrolladas como tareas de trabajo cooperativo a través de wikis y foros.

360

VIDEOGRAMAS

Vídeos didácticos

Vídeo situacional y explicación gráfica de los aspectos gramaticales de la unidad.

SPANISH.ORG

Spanish.org es un juego de carácter narrativo que permite a los estudiantes seguir aprendiendo español en un contexto lúdico, al finalizar la unidad. Formarán parte de una ONG universitaria y profundizarán en el mundo hispano.

Gamificación

LIBRO DEL ALUMNO

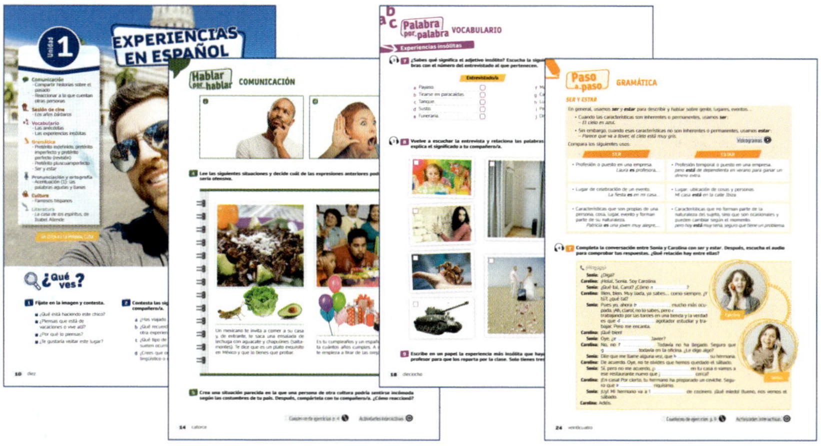

ORGANIZACIÓN

Cada libro de **Espacio Joven 360º** está organizado en torno a seis unidades.

En este volumen, la **unidad 1** introduce al estudiante en el mundo de la lengua y de la cultura española, y actúa como un repaso de los contenidos del nivel anterior.

¿Qué ves?

Comenzamos con un diálogo

Como indica el título, esta sección se centra en una **conversación** que introduce el **tema de la unidad**, el **vocabulario previo** y las **estructuras gramaticales**. Con ello los estudiantes comienzan a interpretar el significado y a usar la lengua en un contexto auténtico, sin necesidad de entender todas las palabras.

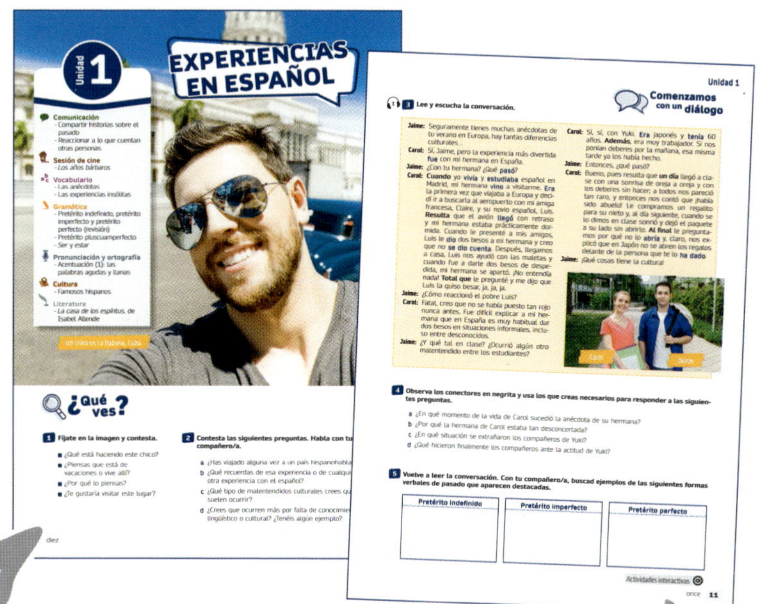

Referencia a las actividades interactivas.

Hablar por hablar

Presentación de los **objetivos comunicativos** a través de sencillos cuadros funcionales, seguidos de actividades de producción y comprensión oral.

Las estructuras y las funciones se presentan como elementos de la conversación.

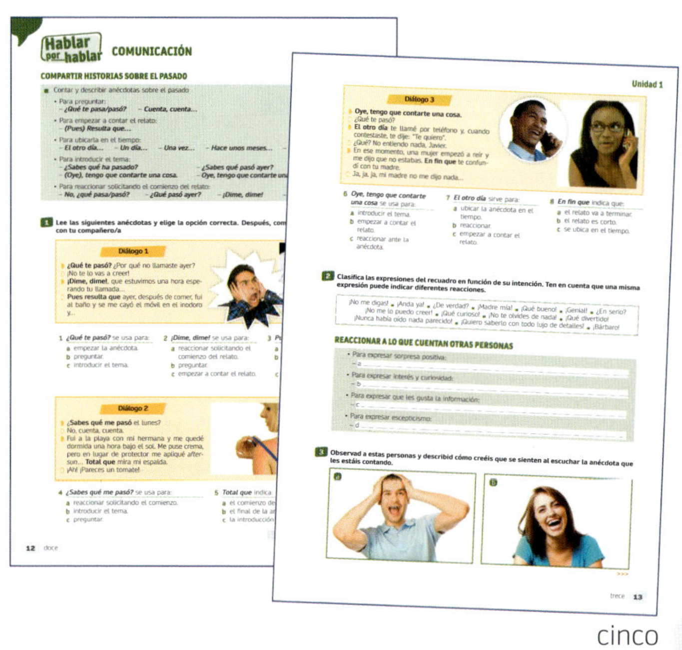

Sesión de cine

Esta sesión presenta **secuencias de películas** producidas en países hispanos relacionadas con el tema de la unidad. Van acompañadas de actividades para predecir e interpretar la historia.

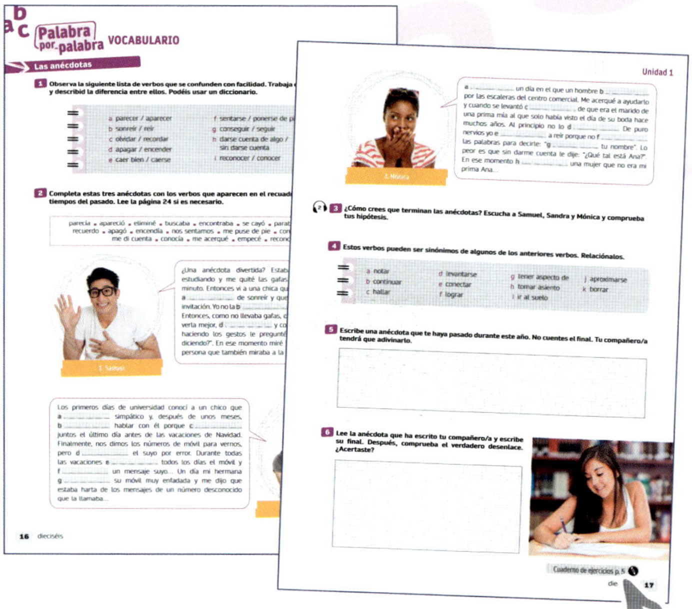

Referencias al *Cuaderno de ejercicios.*

Palabra por palabra

Resumen y análisis de los **elementos léxicos** introducidos en el diálogo a través de la presentación de **cuadros léxicos** y de actividades lúdicas y motivadoras. Trabajar las actividades con su compañero/a o en pequeños grupos anima a los estudiantes a aprender colaborativamente.

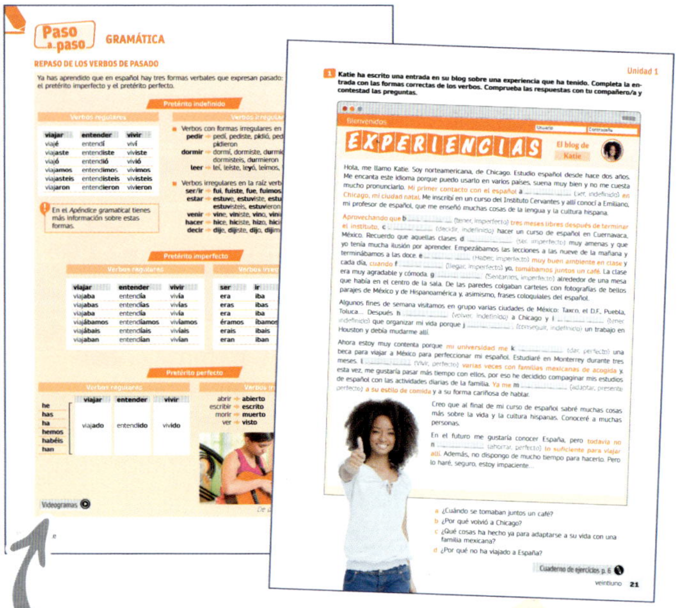

Referencias a *Videogramas.*

Paso a paso

Sistematización de los **aspectos gramaticales** gracias a cuadros con explicaciones claras y completas, y a una serie de actividades de reflexión.

El apéndice gramatical al final del libro del alumno ofrece numerosas **profundizaciones** de estos aspectos gramaticales.

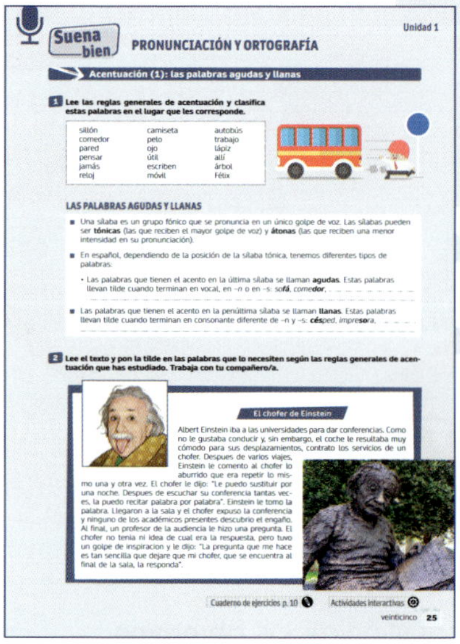

Suena bien

Sección dedicada a los **aspectos ortográficos y fonéticos** de la lengua española.

La unidad concluye con tres secciones que agrupan todos los elementos lingüísticos presentados en las páginas anteriores, permitiendo al estudiante la **utilización global y personal de las competencias adquiridas.**

Mundo hispano

Desarrollo y profundización de uno o más **aspectos culturales** presentados en la unidad.

Esta sección cultural va más allá de una simple instantánea cultural e invita a los estudiantes a profundizar más en las perspectivas hispanas con información y actividades diseñadas para alentarles a ampliar el contenido cultural del texto.

Érase una vez...

Introducción a autores hispanos, su contexto histórico y su trabajo, y culmina con una muestra o fragmento literario. Todas las piezas literarias son grabadas e interpretadas.

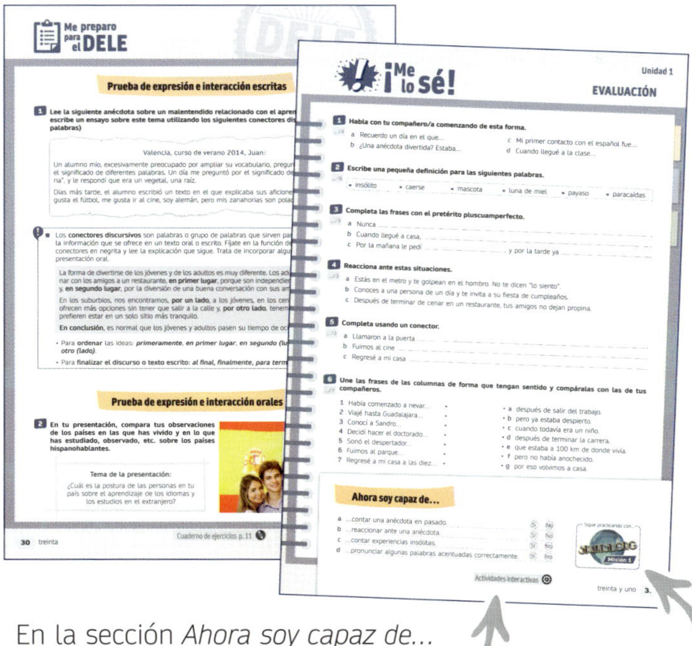

Me preparo para el DELE

¡Me lo sé!

Para la **evaluación del aprendizaje**, se han incluido:

- **actividades de preparación al DELE**, concebidas según el modelo de las pruebas de examen de cada nivel;
- **actividades de evaluación** con puntuación, que se realiza de forma autónoma.

En la sección *Ahora soy capaz de...* requiere que el estudiante demuestre, con sus propios ejemplos o explicaciones, qué ha aprendido en la unidad.

Referencias al juego *Spanish.org.*

ÍNDICE

Unidad 1

EXPERIENCIAS EN ESPAÑOL

Comunicación
- Compartir historias sobre el pasado
- Reaccionar a lo que cuentan otras personas

Sesión de cine
- *Los años bárbaros*

Vocabulario
- Las anécdotas
- Experiencias insólitas

Gramática
- Pretérito indefinido, pretérito imperfecto y pretérito perfecto (revisión)
- Pretérito pluscuamperfecto
- *Ser* y *estar*

Pronunciación y ortografía
- Acentuación (1): las palabras agudas y llanas

Cultura
- Famosos hispanos

Literatura
- *La casa de los espíritus*, de Isabel Allende

Un chico en La Habana, Cuba.

¿Qué ves?

1 Fíjate en la imagen y contesta.

a ¿Qué está haciendo este chico?

b ¿Piensas que está de vacaciones o vive allí?

c ¿Por qué lo piensas?

d ¿Te gustaría visitar este lugar?

2 Contesta las siguientes preguntas. Habla con tu compañero/a.

a ¿Has viajado alguna vez a un país hispanohablante?

b ¿Qué recuerdas de esa experiencia o de cualquier otra experiencia con el español?

c ¿Qué tipo de malentendidos culturales crees que suelen ocurrir?

d ¿Crees que ocurren más por falta de conocimiento lingüístico o cultural? ¿Tenéis algún ejemplo?

Comenzamos con un diálogo

1 **3 Lee y escucha la conversación.**

Jaime: Seguramente tienes muchas anécdotas de tu verano en Europa, hay tantas diferencias culturales...

Carol: Sí, Jaime, pero la experiencia más divertida **fue** con mi hermana en España.

Jaime: ¿Con tu hermana? ¿Qué **pasó**?

Carol: **Cuando** yo **vivía** y **estudiaba** español en Madrid, mi hermana **vino** a visitarme. **Era** la primera vez que viajaba a Europa y decidí ir a buscarla al aeropuerto con mi amiga francesa, Claire, y su novio español, Luis. **Resulta que** el avión **llegó** con retraso y mi hermana estaba prácticamente dormida. Cuando le presenté a mis amigos, Luis le **dio** dos besos a mi hermana y creo que no **se dio cuenta**. Después, llegamos a casa, Luis nos ayudó con las maletas y cuando fue a darle dos besos de despedida, mi hermana se apartó. ¡No entendía nada! **Total que** le pregunté y me dijo que Luis la quiso besar, ja, ja, ja.

Jaime: ¿Cómo reaccionó el pobre Luis?

Carol: Fatal, creo que no se había puesto tan rojo nunca antes. Fue difícil explicarle a mi hermana que en España es muy habitual dar dos besos en situaciones informales, incluso entre desconocidos.

Jaime: ¿Y qué tal en clase? ¿Ocurrió algún otro malentendido entre los estudiantes?

Carol: Sí, sí, con Yuki. **Era** japonés y **tenía** 60 años. **Además**, era muy trabajador. Si nos ponían deberes por la mañana, esa misma tarde ya los había hecho.

Jaime: Entonces, ¿qué pasó?

Carol: Bueno, pues resulta que **un día** llegó a clase con una sonrisa de oreja a oreja y con los deberes sin hacer; a todos nos pareció tan raro, y entonces nos contó que ¡había sido abuelo! Le compramos un regalito para su nieto y, al día siguiente, cuando se lo dimos en clase sonrió y dejó el paquete a su lado sin abrirlo. **Al final** le preguntamos por qué no lo **abría** y, claro, nos explicó que en Japón no se abren los regalos delante de la persona que te lo **ha dado**.

Jaime: ¡Qué cosas tiene la cultura!

4 Observa los conectores destacados y usa los que creas necesarios para responder a las siguientes preguntas.

- **a** ¿En qué momento de la vida de Carol sucedió la anécdota de su hermana?
- **b** ¿Por qué la hermana de Carol estaba tan desconcertada?
- **c** ¿En qué situación se extrañaron los compañeros de Yuki?
- **d** ¿Qué hicieron finalmente los compañeros ante la actitud de Yuki?

5 Vuelve a leer la conversación. Con tu compañero/a, buscad ejemplos de las siguientes formas verbales de pasado que aparecen destacadas.

Pretérito indefinido	Pretérito imperfecto	Pretérito perfecto

Actividades interactivas

Hablar por hablar COMUNICACIÓN

COMPARTIR HISTORIAS SOBRE EL PASADO

- Contar y describir anécdotas sobre el pasado
  - Para preguntar:
    – ***¿Qué te pasa/pasó?*** – ***Cuenta, cuenta...***
  - Para empezar a contar el relato:
    – ***(Pues) Resulta que...***
  - Para ubicarla en el tiempo:
    – ***El otro día...*** – ***Un día...*** – ***Una vez...*** – ***Hace unos meses...*** – ***Cuando...***
  - Para introducir el tema:
    – ***¿Sabes qué ha pasado?*** – ***¿Sabes qué pasó ayer?***
    – ***(Oye), tengo que contarte una cosa.*** – ***Oye, tengo que contarte una cosa, ¿tienes tiempo?***
  - Para reaccionar solicitando el comienzo del relato:
    – ***No, ¿qué pasa/pasó?*** – ***¿Qué pasó ayer?*** – ***¡Dime, dime!*** – ***Ah, ¿sí?***
  - Para terminar de contar la anécdota:
    – ***Total que...*** – ***En fin que...*** – ***Al final...***

1 **Lee las siguientes anécdotas y elige la opción correcta. Después, comprueba tus respuestas con tu compañero/a.**

Diálogo 1

- **¿Qué te pasó?** ¿Por qué no llamaste ayer?
- ¡No te lo vas a creer!
- **¡Dime, dime!**, que estuvimos una hora esperando tu llamada...
- **Pues resulta que** ayer, después de comer, fui al baño y se me cayó el móvil en el inodoro y...

1 ***¿Qué te pasó?*** se usa para:
- a empezar la anécdota.
- b preguntar.
- c introducir el tema.

2 ***¡Dime, dime!*** se usa para:
- a reaccionar solicitando el comienzo del relato.
- b preguntar.
- c empezar a contar el relato.

3 ***Pues resulta que*** indica:
- a el fin de la anécdota.
- b la reacción ante la anécdota.
- c el inicio del relato.

Diálogo 2

- **¿Sabes qué me pasó** el lunes?
- No, cuenta, cuenta.
- Fui a la playa con mi hermana y me quedé dormida una hora bajo el sol. Me puse crema, pero en lugar de protector me apliqué *after-sun*... **Total que** mira mi espalda.
- ¡Ah! ¡Pareces un tomate!

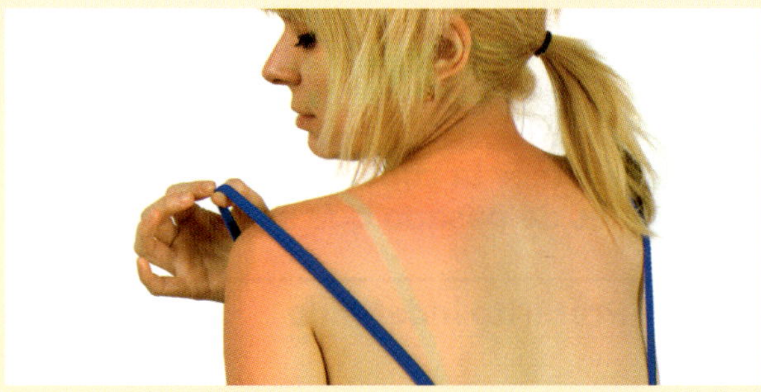

4 ***¿Sabes qué me pasó?*** se usa para:
- a reaccionar solicitando el comienzo.
- b introducir el tema.
- c preguntar.

5 ***Total que*** indica:
- a el comienzo de la anécdota.
- b el final de la anécdota.
- c la introducción del tema.

Cuaderno de ejercicios p. 4

Diálogo 3

- **Oye, tengo que contarte una cosa.**
- ¿Qué te pasó?
- **El otro día** te llamé por teléfono y, cuando contestaste, te dije: "Te quiero".
- ¿Qué? No entiendo nada, Javier.
- En ese momento, una mujer empezó a reírse y me dijo que no estabas. **En fin que** te confundí con tu madre.
- Ja, ja, ja, mi madre no me dijo nada...

6 ***Oye, tengo que contarte una cosa*** se usa para:
- a introducir el tema.
- b empezar a contar el relato.
- c reaccionar ante la anécdota.

7 ***El otro día*** sirve para:
- a ubicar la anécdota en el tiempo.
- b reaccionar.
- c empezar a contar el relato.

8 ***En fin que*** indica que:
- a el relato va a terminar.
- b el relato es corto.
- c se ubica en el tiempo.

2 **Clasifica las expresiones del recuadro en función de su intención. Ten en cuenta que una misma expresión puede indicar diferentes reacciones.**

¡No me digas! ▪ ¡Anda ya! ▪ ¿De verdad? ▪ ¡Madre mía! ▪ ¡Qué bueno! ▪ ¡Genial! ▪ ¿En serio? ¡No me lo puedo creer! ▪ ¡Qué curioso! ▪ ¡No te olvides de nada! ▪ ¡Qué divertido! ¡Nunca había oído nada parecido! ▪ ¡Quiero saberlo con todo lujo de detalles! ▪ ¡Bárbaro!

REACCIONAR A LO QUE CUENTAN OTRAS PERSONAS

- Para expresar sorpresa positiva:
  – a ....
- Para expresar interés y curiosidad:
  – b ....
- Para expresar que les gusta la información:
  – c ....
- Para expresar escepticismo:
  – d ....

3 **Con tu compañero/a, observad a estas personas y describid cómo creéis que se sienten al escuchar la anécdota que les estáis contando.**

a

b

>>>

Hablar por hablar COMUNICACIÓN

4 **Lee las siguientes situaciones y decide cuál de las expresiones anteriores podrías usar y cuál sería ofensiva.**

Un mexicano te invita a comer a su casa y, de entrante, te saca una ensalada de lechuga con aguacate y chapulines (saltamontes). Te dice que es un plato exquisito en México y que lo tienes que probar.

Es tu cumpleaños y un español te pregunta cuántos años cumples. A continuación, te empieza a tirar de las orejas.

5 **Crea una situación parecida en la que una persona de otra cultura podría sentirse incómoda según las costumbres de tu país. Después, compártela con tu compañero/a. ¿Cómo reaccionó?**

Cuaderno de ejercicios p. 4 Actividades interactivas

Sesión de cine VÍDEO

Título: Los años bárbaros.
Año: 1998.
País: España y Francia.
Género: Drama.
Director: Fernando Colomo.
Intérpretes: Jordi Mollà, Ernesto Alterio, Hedy Burress, Allison Smith, Juan Echanove, José María Pou, Samuel Le Bihan, Álex Angulo, Pepón Nieto y Ana Rayo Ruano.
Secuencia: 00:38:30 – 00:41:20

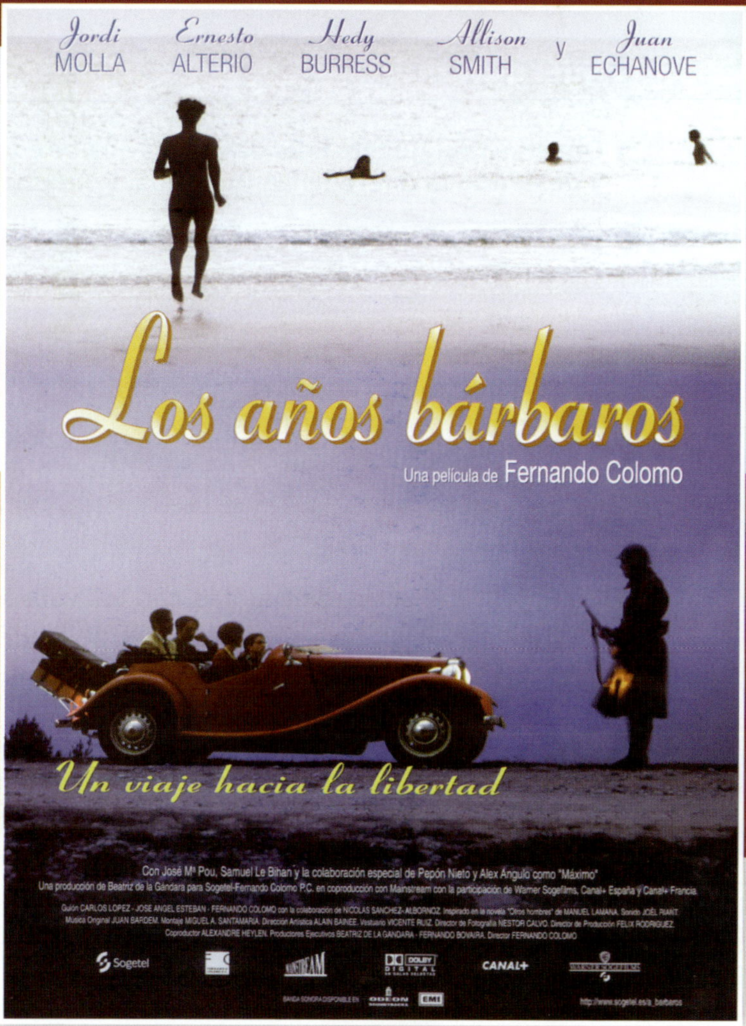

SINOPSIS

Durante la posguerra española, en el año 1947, dos jóvenes universitarios, miembros de asociaciones de estudiantes contrarias al régimen, son condenados a ocho años por realizar pintadas en la universidad y enviados al campo de trabajo del Valle de los Caídos. Un vez allí, consiguen escaparse gracias a la ayuda de un francés especialista en fugas, a través de un plan organizado. Empiezan entonces un viaje por España con unas supuestas viajeras norteamericanas que conocen durante su fuga y que simpatizan con sus ideas democráticas de libertad.

1 **Lee la sinopsis de la película y ordena las siguientes imágenes.**

a ☐

b ☐

c ☐

d ☐

2 **Ve la secuencia de la película y haz las actividades que te va a repartir tu profesor/a.**

Secuencia de película

Actividades interactivas

Palabra por palabra VOCABULARIO

Las anécdotas

1 **Observa la siguiente lista de verbos que se confunden con facilidad. Trabaja con tu compañero/a y describid la diferencia entre ellos. Podéis usar un diccionario.**

- **a** parecer / aparecer
- **b** sonreír / reír
- **c** olvidar / recordar
- **d** apagar / encender
- **e** caer bien / caerse
- **f** sentarse / ponerse de pie
- **g** conseguir / seguir
- **h** darse cuenta de algo / sin darse cuenta
- **i** reconocer / conocer

2 **Completa estas tres anécdotas con los verbos que aparecen en el recuadro conjugados en los tiempos del pasado. Consulta el *Apéndice gramatical* si es necesario.**

parecía ▪ apareció ▪ eliminé ▪ buscaba ▪ encontraba ▪ se cayó ▪ paraba ▪ he olvidado
recuerdo ▪ apagó ▪ encendía ▪ nos sentamos ▪ me puse de pie ▪ conseguí ▪ seguía
me di cuenta ▪ conocía ▪ me acerqué ▪ empecé ▪ reconocí

1. Samuel

¿Una anécdota divertida? Estaba en la biblioteca estudiando y me quité las gafas para descansar un minuto. Entonces vi a una chica que me miraba, que no **a** .... de sonreír y que me hacía gestos de invitación. Yo no la **b** ...., pero era muy guapa. Entonces, como no llevaba gafas, **c** .... para verla mejor, **d** .... y como **e** .... haciendo los gestos le pregunté: "¿Qué me estabas diciendo?". En ese momento miré hacia atrás y vi a otra persona que también miraba a la chica de los gestos...

Los primeros días de universidad conocí a un chico que **a** .... simpático y, después de unos meses, **b** .... hablar con él porque **c** .... juntos el último día antes de las vacaciones de Navidad. Finalmente, nos dimos los números de móvil para vernos, pero **d** .... el suyo por error. Durante todas las vacaciones **e** .... todos los días el móvil y **f** .... un mensaje suyo... Un día mi hermana **g** .... su móvil muy enfadada y me dijo que estaba harta de los mensajes de un número desconocido que la llamaba...

2. Sandra

3. Mónica

a .... un día en el que un hombre b .... por las escaleras del centro comercial. Me acerqué a ayudarlo y cuando se levantó c .... de que era el marido de una prima mía al que solo había visto el día de su boda hace muchos años. Al principio no lo d .... De puros nervios yo e .... a reír porque no f .... las palabras para decirle: "g .... tu nombre". Lo peor es que sin darme cuenta le dije: "¿Qué tal está Ana?". En ese momento h .... una mujer que no era mi prima Ana...

2 **3 ¿Cómo crees que terminan las anécdotas? Escucha a Samuel, Sandra y Mónica y comprueba tus hipótesis.**

4 Estos verbos pueden ser sinónimos de algunos de los que aparecen en la actividad 2. Relaciónalos.

a notar	d levantarse	g tener aspecto de	j aproximarse
b continuar	e conectar	h tomar asiento	k borrar
c hallar	f lograr	i ir al suelo	

5 Escribe una anécdota que te haya pasado durante este año. No cuentes el final. Tu compañero/a tendrá que adivinarlo.

6 Lee la anécdota que ha escrito tu compañero/a y escribe su final. Después, comprueba el verdadero desenlace. ¿Acertaste?

Cuaderno de ejercicios p. 5

Palabra por palabra VOCABULARIO

Experiencias insólitas

3 **7** **¿Sabes qué significa el adjetivo insólito? Escucha la siguiente entrevista y relaciona las palabras con el número del entrevistado al que pertenecen.**

	Entrevistado/a		Entrevistado/a
a Payaso.	☐	f Mascota.	☐
b Tirarse en paracaídas.	☐	g Carrera.	☐
c Tanque.	☐	h Luna de miel.	☐
d Susto.	☐	i Probador.	☐
e Funeraria.	☐	j Disfrazarse.	☐

3 **8** **Vuelve a escuchar la entrevista y relaciona las palabras anteriores con estas fotografías. Luego, explica el significado a tu compañero/a.**

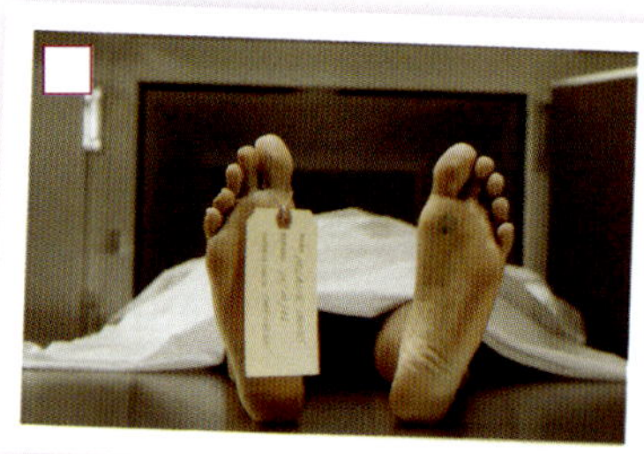

9 **Escribe en un papel la experiencia más insólita que hayas vivido. Después, dale el papel al profesor para que los reparta por la clase. Solo tienes tres minutos.**

10 **Discutid y decidid a quién pertenece cada una de las experiencias anteriores, argumentando vuestras opiniones.**

11 **Vas a escribir ahora en un blog lo más insólito que hiciste tú por una amistad y lo que otra persona hizo por ti. No es necesario decir la verdad, lo importante es que uses bien los pasados.**

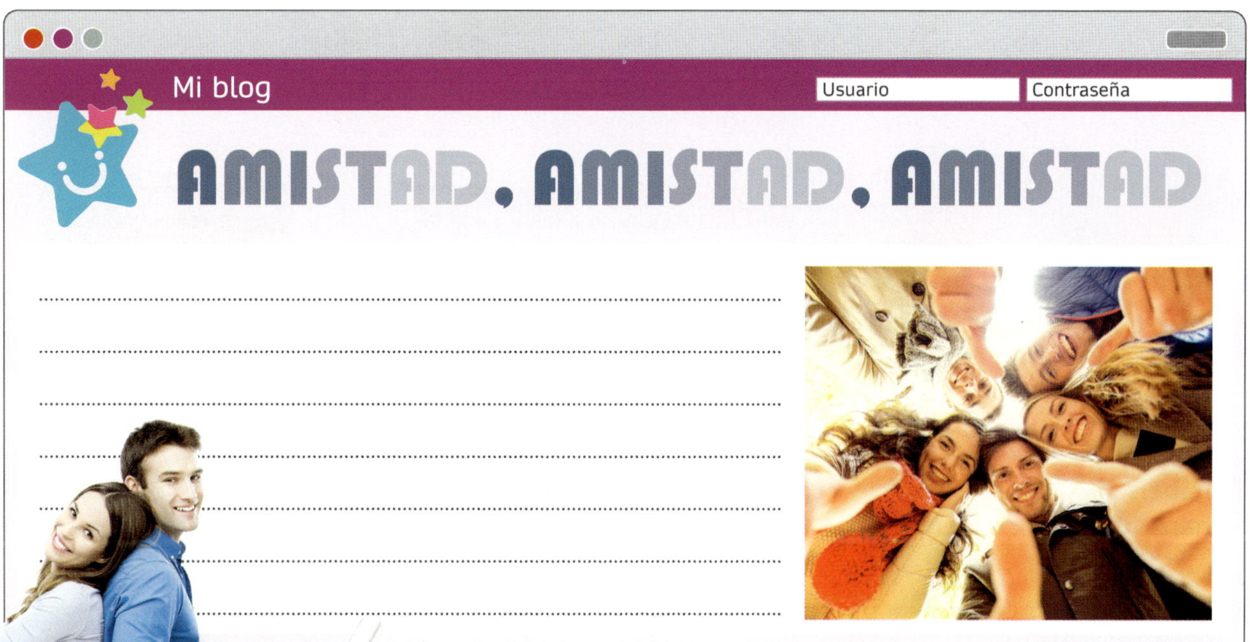

Cuaderno de ejercicios p. 6

Actividades interactivas

Paso a paso

GRAMÁTICA

REPASO DE LOS VERBOS DE PASADO

Ya has aprendido que en español hay tres formas verbales que expresan pasado: el **pretérito indefinido**, el **pretérito imperfecto** y el **pretérito perfecto**.

Pretérito indefinido

Verbos regulares

viajar	**entender**	**vivir**
viaj**é**	entend**í**	viv**í**
viaj**aste**	entend**iste**	viv**iste**
viaj**ó**	entend**ió**	viv**ió**
viaj**amos**	entend**imos**	viv**imos**
viaj**asteis**	entend**isteis**	viv**isteis**
viaj**aron**	entend**ieron**	viv**ieron**

En el *Apéndice gramatical* tienes más información sobre estas formas.

Verbos irregulares

- Verbos con formas irregulares en la 3.ª persona:
  pedir → pedí, pediste, p**i**dió, pedimos, pedisteis, p**i**dieron
  dormir → dormí, dormiste, d**u**rmió, dormimos, dormisteis, d**u**rmieron
  leer → leí, leíste, le**y**ó, leímos, leísteis, le**y**eron

- Verbos irregulares en la raíz verbal:
  ser/ir → **fui**, **fuiste**, **fue**, **fuimos**, **fuisteis**, **fueron**
  estar → **estuv**e, **estuv**iste, **estuv**o, **estuv**imos, **estuv**isteis, **estuv**ieron
  venir → **vin**e, **vin**iste, **vin**o, **vin**imos, **vin**isteis, **vin**ieron
  hacer → **hic**e, **hic**iste, **hiz**o, **hic**imos, **hic**isteis, **hic**ieron
  decir → **dij**e, **dij**iste, **dij**o, **dij**imos, **dij**isteis, **dij**eron

Pretérito imperfecto

Verbos regulares

viajar	**entender**	**vivir**
viaj**aba**	entend**ía**	viv**ía**
viaj**abas**	entend**ías**	viv**ías**
viaj**aba**	entend**ía**	viv**ía**
viaj**ábamos**	entend**íamos**	viv**íamos**
viaj**ábais**	entend**íais**	viv**íais**
viaj**aban**	entend**ían**	viv**ían**

Verbos irregulares

ser	**ir**	**ver**
era	**iba**	**veía**
eras	**ibas**	**veías**
era	**iba**	**veía**
éramos	**íbamos**	**veíamos**
erais	**ibais**	**veíais**
eran	**iban**	**veían**

Pretérito perfecto

Verbos regulares

	viajar	**entender**	**vivir**
he / **has** / **ha** / **hemos** / **habéis** / **han**	viaj**ado**	entend**ido**	viv**ido**

Verbos irregulares

abrir → **abierto**
escribir → **escrito**
morir → **muerto**
ver → **visto**
decir → **dicho**
hacer → **hecho**
poner → **puesto**
volver → **vuelto**

Hoy he tocado la guitarra.

Videogramas

1 **Katie ha escrito una entrada en su blog sobre una experiencia que ha tenido. Completa la entrada con las formas correctas de los verbos. Comprueba las respuestas con tu compañero/a y contestad las preguntas.**

Bienvenidos | Usuario | Contraseña

EXPERIENCIAS

El blog de Katie

Hola, me llamo Katie. Soy norteamericana, de Chicago. Estudio español desde hace dos años. Me encanta este idioma porque puedo usarlo en varios países, suena muy bien y no me cuesta mucho pronunciarlo. Mi primer contacto con el español **a** .... (ser, indefinido) en Chicago, mi ciudad natal. Me inscribí en un curso del Instituto Cervantes y allí conocí a Emiliano, mi profesor de español, que me enseñó muchas cosas de la lengua y la cultura hispana.

Aprovechando que **b** .... (tener, imperfecto) tres meses libres después de terminar el instituto, **c** .... (decidir, indefinido) hacer un curso de español en Cuernavaca, México. Recuerdo que aquellas clases **d** .... (ser, imperfecto) muy amenas y que yo tenía mucha ilusión por aprender. Empezábamos las lecciones a las nueve de la mañana y terminábamos a las doce. **e** .... (Haber, imperfecto) muy buen ambiente en clase y cada día, cuando **f** .... (llegar, imperfecto) yo, tomábamos juntos un café. La clase era muy agradable y cómoda. **g** .... (Sentarnos, imperfecto) alrededor de una mesa que había en el centro de la sala. De las paredes colgaban carteles con fotografías de bellos paisajes de México y de Hispanoamérica y, asimismo, frases coloquiales del español.

Algunos fines de semana visitamos en grupo varias ciudades de México: Taxco, el D.F., Puebla, Toluca... Después **h** .... (volver, indefinido) a Chicago y **i** .... (tener, indefinido) que organizar mi vida porque **j** .... (conseguir, indefinido) un trabajo en Houston y debía mudarme allí.

Ahora estoy muy contenta porque mi universidad me **k** .... (dar, perfecto) una beca para viajar a México para perfeccionar mi español. Estudiaré en Monterrey durante tres meses. **l** .... (Vivir, perfecto) varias veces con familias mexicanas de acogida y, esta vez, me gustaría pasar más tiempo con ellos, por eso he decidido compaginar mis estudios de español con las actividades diarias de la familia. Ya me **m** .... (adaptar, perfecto) a su estilo de comida y a su forma cariñosa de hablar.

Creo que al final de mi curso de español sabré muchas cosas más sobre la vida y la cultura hispanas. Conoceré a muchas personas.

En el futuro me gustaría conocer España, pero todavía no **n** .... (ahorrar, perfecto) lo suficiente para viajar allí. Además, no dispongo de mucho tiempo para hacerlo. Pero lo haré, seguro, estoy impaciente...

a ¿Cuándo se tomaban juntos un café?

b ¿Por qué volvió a Chicago?

c ¿Qué cosas ha hecho ya para adaptarse a su vida con una familia mexicana?

d ¿Por qué no ha viajado a España?

Cuaderno de ejercicios p. 6

Paso a paso GRAMÁTICA

2 **Con tu compañero/a, observad las frases destacadas en naranja de la actividad anterior y completad con ellas los ejemplos que faltan en el siguiente cuadro.**

USOS DE LOS VERBOS DE PASADO

- **El pretérito perfecto** se usa para hablar de una acción pasada en un periodo de tiempo no terminado o relacionado con el presente:
  - a ....
  - Con este tiempo también se habla de experiencias vividas o no hasta el momento presente:
    - b ....
    - c ....
- **El pretérito indefinido** se usa para hablar de acciones terminadas ocurridas en un periodo de tiempo terminado y delimitado del pasado:
  - d ....
  - Se usa también para hablar del número de veces que ha ocurrido una acción en un pasado terminado:
    - *El año pasado fui tres veces a Madrid para visitar a mis abuelos.*
- **El pretérito imperfecto** presenta la acción como un proceso, sin indicar su final. Por esta razón se usa principalmente para describir personas, cosas, lugares o evocar situaciones en el pasado:
  - e ....
  - Además, se usa para hablar del contexto en el que sucede la acción principal en pasado y para expresar acciones habituales también en pasado:
    - f ....
    - g ....

3 **Yoko, una joven japonesa, ha contestado con un comentario en el blog de Katie sobre su experiencia con el aprendizaje de español. Léelo y, después, escribe tu propio comentario.**

Mi blog — Usuario — Contraseña

EXPERIENCIAS

 # Yoko — 19 de agosto

Me ha gustado mucho conocer tu experiencia como estudiante de español. La verdad es que yo también fui a México para perfeccionar la lengua, pero no quise vivir con una familia mexicana. Pensé que sería demasiado difícil por la diferencia cultural. Me dijeron que los mexicanos comían comida muy picante y que las familias eran muy grandes. Por eso decidí vivir con alguien de mi misma nacionalidad. Además, soy una persona tímida y me daba vergüenza. Gracias a tu blog me he dado cuenta de que es mucho mejor vivir con una familia.

Responder

 # Mi respuesta — hoy

....

....

PRETÉRITO PLUSCUAMPERFECTO

El **pretérito pluscuamperfecto** describe lo que ya ha hecho alguien o lo que ya ha ocurrido. Lo usamos para hablar de una acción pasada anterior a otra.

- Se forma con el pretérito imperfecto del verbo ***haber*** + participio.

	viajar	entender	vivir
había **habías** **había** **habíamos** **habíais** **habían**	viaj**ado**	entend**ido**	viv**ido**

> La formación del participio regular y los participios irregulares son iguales a los del pretérito perfecto.

Videogramas

- Se usa para:
  - expresar una acción pasada anterior a otra también pasada. Es su uso principal:
    – a ....
  - expresar una acción posterior a la del verbo principal, pero con la idea de inmediatez o rapidez en la realización de la acción:
    – b ....
  - contar algo que sucede por primera vez:
    – c ....

4 **Vuelve a leer la conversación entre Carol y Jaime de la sección *Comenzamos con un diálogo* y completa el cuadro anterior con las frases en pretérito pluscuamperfecto que aparecen en el texto.**

5 **Relaciona las columnas para formar frases con sentido.**

1 Se encontraba fatal...	a y a los diez minutos me los había dado.
2 Le pedí 100 euros...	b porque había estudiado mucho.
3 Estaba muy cansado...	c tanta suerte.
4 Nunca había tenido...	d porque había comido demasiado.
5 Compré un lavaplatos a las diez...	e ya que había trabajado mucho.
6 Mi hermana sacó matrícula de honor...	f y a las doce ya me lo habían traído.

6 **Ahora di a qué uso del pretérito pluscuamperfecto corresponde cada una de las frases anteriores según el cuadro que has estudiado. Compáralo con tu compañero/a y justificad vuestra respuesta si no estáis de acuerdo.**

Cuaderno de ejercicios p. 7

Paso a paso GRAMÁTICA

SER Y ESTAR

En general, usamos ***ser*** y ***estar*** para describir y hablar sobre gente, lugares, eventos...

- Cuando las características son inherentes o permanentes, usamos ***ser***:
  – *El cielo es azul.*
- Sin embargo, cuando esas características no son inherentes o permanentes, usamos ***estar***:
  – *Parece que va a llover, el cielo está muy gris.*

Videogramas

Compara los siguientes usos:

SER	ESTAR
• Profesión o puesto en una empresa. *Laura **es** profesora,...*	• Profesión temporal o puesto en una empresa. *pero **está** de dependienta en verano para ganar un dinero extra.*
• Lugar de celebración de un evento. *La fiesta **es** en mi casa,...*	• Lugar: ubicación de cosas y personas. *que **está** en la calle Ibiza.*
• Características que son propias de una persona, cosa, lugar, evento y forman parte de su naturaleza. *Patricia **es** una joven muy alegre,...*	• Características que no forman parte de la naturaleza del sujeto, sino que son ocasionales y pueden cambiar según el momento. *pero hoy **está** muy seria, seguro que tiene un problema.*

4 **7 Completa la conversación entre Sonia y Carolina con *ser* y *estar*. Después, escucha el audio para comprobar tus respuestas. ¿Qué relación hay entre ellas?**

(Ringggg)

Sonia: ¿Diga?
Carolina: ¡Hola!, Sonia. Soy Carolina.
Sonia: ¿Qué tal, Carol? ¿Cómo **a** ....?
Carolina: Bien, bien. Muy liada, ya sabes... como siempre. ¿Y tú?, ¿qué tal?
Sonia: Pues yo, ahora **b** .... mucho más ocupada. ¡Ah, claro!, no lo sabes, pero **c** .... trabajando por las tardes en una tienda y la verdad es que **d** .... agotador estudiar y trabajar. Pero me encanta.
Carolina: ¡Qué bien! Oye, ¿**e** .... Javier?
Sonia: No, no **f** .... Todavía no ha llegado. Seguro que **g** .... todavía en la oficina. ¿Le digo algo?
Carolina: Dile que me llame alguna vez, que **h** .... su hermana.
Sonia: De acuerdo. Oye, no te olvides que hemos quedado el sábado.
Carolina: Sí, pero no me acuerdo, ¿**i** .... en tu casa o vamos a ese restaurante nuevo que **j** .... cerca?
Sonia: ¡En casa! Por cierto, tu hermano ha preparado un ceviche. Seguro que **k** .... riquísimo.
Carolina: ¡Uy! Mi hermano va a **l** .... de cocinero. ¡Qué miedo! Bueno, nos vemos el sábado.
Sonia: Adiós.

Cuaderno de ejercicios p. 9   Actividades interactivas

Suena bien

PRONUNCIACIÓN Y ORTOGRAFÍA

Acentuación (1): las palabras agudas y llanas

1 **Lee las reglas generales de acentuación y clasifica estas palabras en el lugar que les corresponde.**

sillón	camiseta	autobús
comedor	pared	trabajo
pelo	ojo	lápiz
pensar	útil	allí
jamás	reloj	árbol
escriben	móvil	Félix

LAS PALABRAS AGUDAS Y LLANAS

- Una sílaba es un grupo fónico que se pronuncia en un único golpe de voz. Las sílabas pueden ser **tónicas** (las que reciben el mayor golpe de voz) y **átonas** (las que reciben una menor intensidad en su pronunciación).
- En español, dependiendo de la posición de la sílaba tónica, tenemos diferentes tipos de palabras:
    - Las palabras que tienen el acento en la última sílaba se llaman **agudas**. Estas palabras llevan tilde cuando terminan en vocal, en *–n* o en *–s*: *so**fá***, *come**dor***, ...
    ....
    - Las palabras que tienen el acento en la penúltima sílaba se llaman **llanas**. Estas palabras llevan tilde cuando terminan en consonante diferente de *–n* y *–s*: ***cés**ped*, *impre**so**ra*, ...
    ....

2 **Lee el texto y pon la tilde en las palabras que la necesiten según las reglas generales de acentuación que has visto. Trabaja con tu compañero/a.**

El chofer de Einstein

Albert Einstein iba a las universidades para dar conferencias. Como no le gustaba conducir y, sin embargo, el coche le resultaba muy cómodo para sus desplazamientos, contrato los servicios de un chofer. Despues de varios viajes, Einstein le comento al chofer lo aburrido que era repetir lo mismo una y otra vez. El chofer le dijo: "Le puedo sustituir por una noche. Despues de escuchar su conferencia tantas veces, la puedo recitar palabra por palabra". Einstein le tomo la palabra. Llegaron a la sala y el chofer expuso la conferencia y ninguno de los académicos presentes descubrio el engaño. Al final, un profesor de la audiencia le hizo una pregunta. El chofer no tenia ni idea de cual era la respuesta, pero tuvo un golpe de inspiracion y le dijo: "La pregunta que me hace es tan sencilla que dejare que mi chofer, que se encuentra al final de la sala, la responda".

Cuaderno de ejercicios p. 10 Actividades interactivas

Mundo hispano

Cultura

FAMOSOS HISPANOS

Miguel de Cervantes

1 **Observa las fotografías y responde verdadero (V) o falso (F).**

a Ⓥ Ⓕ La escultura de la foto está en Barcelona y representa a varios escritores españoles.

b Ⓥ Ⓕ En la escultura se representa a Cervantes y a los personajes de su obra más famosa.

c Ⓥ Ⓕ Cervantes fue famoso por sus novelas desde los veinte años.

d Ⓥ Ⓕ Solo escribió novelas.

e Ⓥ Ⓕ *El Quijote* está considerado como la primera novela en lengua española.

2 **Lee esta breve biografía y comprueba tus respuestas anteriores.**

Miguel de Cervantes Saavedra nació en Alcalá de Henares (Madrid) en 1547. Durante cinco años fue soldado y sirvió a Felipe II en Italia. Perdió el movimiento de su mano izquierda en la batalla de Lepanto. A continuación, estuvo preso en Argel; después de cinco años, fue rescatado de la prisión y regresó a España donde fue recaudador de impuestos. Se trasladó a Valladolid pero volvió a vivir en Madrid, dedicándose finalmente a la literatura. Produjo numerosas obras de teatro, poesía y novela, pero la más importante fue *El ingenioso hidalgo don Quijote de la Mancha*. Creó a su personaje más famoso en 1605, don Quijote, un viejo hidalgo que leyó demasiados libros y se volvió loco. Por este motivo, sintió la necesidad de salir, como caballero andante, por los campos de La Mancha en busca de aventuras. Con él se creó el concepto de *novela moderna*. Cervantes murió el 23 de abril de 1616, fecha en la que, tradicionalmente, se celebra el Día del Libro. En la actualidad hay en Madrid un conjunto escultórico dedicado a él y a los protagonistas de su gran obra: don Quijote y Sancho Panza.

3 **Completa la biografía de este artista hispano.**

Picasso

a .... (Nacer) en Málaga (España) en 1881. En 1895 **b** .... (trasladarse) a Barcelona donde **c** .... (ingresar) en la Facultad de Bellas Artes. Cinco años más tarde **d** .... (ir) por primera vez a París, donde **e** .... (organizar) una exposición. Nueve años después **f** .... (volver) a vivir en París, donde **g** .... (conocer) a Matisse. Al cabo de tres años, **h** .... (pintar) *Las señoritas de Avignon*. Cuando en 1936 **i** .... (empezar) la guerra civil española, **j** .... (volver) de nuevo a París, donde **k** .... (pintar) *El Guernica*. **l** .... (Casarse) varias veces y **m** .... (tener) tres hijos. En 1955 **n** .... (instalarse) en Cannes y, a los dos años, **ñ** .... (pintar) *Las Meninas*, inspirándose en el cuadro de Velázquez. En 1973 **o** .... (morir) en su casa de Notre Dame de Vie (Francia).

El Guernica

5 **4** **Escucha el texto completo y comprueba.**

5 **Lee la biografía de Guillermo del Toro. Después, busca en Internet el argumento de estas películas y cuéntaselos a tus compañeros. ¿Conoces otras de sus películas?**

CINE

Guillermo del Toro nació el 9 de octubre de 1964 en Guadalajara, Jalisco, México. Llevó a cabo sus primeros trabajos de cine cuando estudiaba Secundaria. Pasó diez años trabajando en diseño de maquillaje y después formó su propia compañía llamada Necropia. Fue el productor ejecutivo de su primera película a los 21 años. Cofundó el Festival de Cine de Guadalajara y creó la compañía de producción Tequila Gang. En 1998 decidió irse a vivir al extranjero. Su primera película se llamó *Cronos*. En 2006 filmó su sexta película, *El laberinto del Fauno*, con la que ganó 8 premios Ariel y 7 Premios Goya, además de recibir tres Premios Oscar.

La mayoría de periodistas especializados en ficción aplauden el estilo de Guillermo del Toro.

"En México y Latinoamérica tenemos una de las imaginaciones más ricas, por eso siempre he creído que debemos estar siempre en el banquete fílmico mundial".

Cuaderno de ejercicios p. 10 Actividades interactivas

Érase una vez... LITERATURA

Allende

1 **Completa la información sobre esta autora con los verbos del recuadro.**

Isabel Allende

Es chilena, aunque **a** .... en Lima (Perú), en 1942. Su padre **b** .... diplomático y era sobrina del presidente chileno Salvador Allende. **c** .... Periodismo. En 1962 **d** .... y, posteriormente, **e** .... dos hijos. En 1973 **f** .... Chile tras un golpe de Estado y **g** .... a Caracas. En 1992 **h** .... su hija Paula, lo que la **i** .... a escribir el libro titulado *Paula* (1994). En 1985 **j** .... el premio a la mejor novela en México y en 1986 **k** .... premiada como la mejor autora del año en Alemania. En 1982 **l** .... su obra más conocida: *La casa de los espíritus*. Entre otras obras, caben destacar: *De amor y de sombra* (1984), *El plan infinito* (1991), *Cuentos de Eva Luna* (1989) e *Hija de la fortuna* (1998). Actualmente reside en California (EE. UU.).

murió ▪ llevó ▪ se casó ▪ nació ▪ era
estudió ▪ fue ▪ tuvo ▪ abandonó
se exilió ▪ recibió ▪ se publicó

2 **Relaciona el resumen de cada historia con su libro.**

a Veintitrés relatos de amor y violencia unidos por un fino hilo narrativo y un rico lenguaje.

b La historia reciente de la vida de la autora y de la de su familia, una casa abierta, llena de gente y de personajes literarios, hijas perdidas, nietos, éxitos y dolores... También es la historia de amor entre un hombre y una mujer maduros.

c Un libro conmovedor e íntimo. Su hija entró en estado de coma y, junto a su cama, Isabel Allende comenzó a redactar la historia de su familia y de sí misma para regalársela después.

d Se narra la saga de una poderosa familia a lo largo de cuatro generaciones y sigue los movimientos sociales y políticos del periodo en el que vive Chile.

e Narrada por una joven mujer, es una novela histórica, situada a finales del siglo XIX en Chile, y trata de una portentosa saga familiar.

3 **Aquí tienes un fragmento de la obra *La casa de los espíritus*. Antes de leerlo, observa algunas palabras que aparecen en el texto y busca en el diccionario aquellas que no conozcas.**

- evocar
- nítido/a
- daguerrotipo
- regocijo
- atocharse
- embalsamado/a
- bastar
- filibustero/a
- asomar
- tropezar
- bichos
- remoto/a

La casa de los espíritus

Hacía un par de años que Clara no veía a su tío Marcos, pero lo recordaba muy bien. Era la única imagen perfectamente nítida de su infancia y para evocarla no necesitaba consultar el daguerrotipo del salón, donde aparecía vestido de explorador, apoyado en una escopeta de dos cañones de modelo antiguo, con el pie derecho sobre el cuello de un tigre de Malasia. (...)

A Clara le bastaba cerrar los ojos para ver a su tío en carne y hueso, curtido por las inclemencias de todos los climas del planeta, flaco, con unos bigotes de filibustero, entre los cuales asomaba su extraña sonrisa de dientes de tiburón. Parecía imposible que estuviera dentro de ese cajón negro en el centro del patio.

En cada visita que hizo Marcos al hogar de su hermana Nívea, se quedó por varios meses, provocando el regocijo de los sobrinos, especialmente de Clara, y una tormenta en la que el orden doméstico perdía su horizonte. La casa se atochaba de baúles, animales embalsamados, lanzas de indios, bultos de marinero. Por todos lados la gente andaba tropezando con sus bártulos inauditos, aparecían bichos nunca vistos, que habían hecho el viaje desde tierras remotas, para terminar aplastados bajo la escoba implacable de la Nana en cualquier rincón de la casa. (...)

Clara recordaba perfectamente, a pesar de que entonces era muy pequeña, la primera vez que su tío Marcos llegó a la casa de regreso de uno de sus viajes. Se instaló como si fuera a quedarse para siempre. (...)

(*La casa de los espíritus*, Isabel Allende)

6 **4** **Ahora escucha el texto y elige la opción correcta.**

1 La historia se cuenta a través de los recuerdos de...
a la sobrina de Marcos.
b el padre de la familia.

2 La profesión de Marcos era...
a vendedor de pieles.
b explorador.

3 Cuando empieza el relato, Clara no había visto a su tío...
a desde hace tiempo.
b nunca.

4 Nana era...
a la hermana de Marcos.
b la asistenta de la familia.

5 Siempre que Marcos iba a casa...
a se quedaba unos días.
b llevaba grandes equipajes.

6 Cuando se cuenta el relato...
a Marcos había muerto.
b Marcos había vuelto a visitarles.

Actividades interactivas

Me preparo para el DELE

Prueba de expresión e interacción escritas

1 **Lee la siguiente anécdota sobre un malentendido relacionado con el aprendizaje de lenguas y escribe un ensayo (de entre 130 y 150 palabras) sobre este tema utilizando conectores discursivos.**

Valencia, curso de verano 2014, Juan:

Un alumno mío, excesivamente preocupado por ampliar su vocabulario, preguntaba sin cesar sobre el significado de diferentes palabras. Un día me preguntó por el significado de la palabra "zanahoria", y le respondí que era un vegetal, una raíz.

Días más tarde, el alumno escribió un texto en el que explicaba sus aficiones, orígenes, etc.: "Me gusta el fútbol, me gusta ir al cine, soy alemán, pero mis zanahorias son polacas".

! ■ Los **conectores discursivos** son palabras o grupo de palabras que sirven para organizar y unir la información que se ofrece en un texto oral o escrito. Fíjate en la función de los siguientes conectores en negrita y lee la explicación que sigue. Trata de incorporar algunos en tu ensayo y presentación oral.

La forma de divertirse de los jóvenes y de los adultos es muy diferente. Los adultos prefieren ir a cenar con los amigos a un restaurante, **en primer lugar**, porque son independientes económicamente y, **en segundo lugar**, por la diversión de una buena conversación con sus amigos de siempre.

En los suburbios, nos encontramos, **por un lado**, a los jóvenes, en los centros comerciales que ofrecen más opciones sin tener que salir a la calle y, **por otro lado**, tenemos a los adultos, que prefieren estar en un solo sitio más tranquilo.

En conclusión, es normal que los jóvenes y adultos pasen su tiempo de ocio de distinta manera.

- Para **ordenar** las ideas: ***primeramente***, ***en primer lugar***, ***en segundo (lugar)***, ***por un lado***, ***por otro (lado)***.
- Para **finalizar el discurso o texto escrito: *al final***, ***finalmente***, ***para terminar***, ***en conclusión***.

Prueba de expresión e interacción orales

2 **En tu presentación, compara tus observaciones de los países en los que has vivido y de lo que has estudiado sobre los países hispanohablantes.**

Tema de la presentación:

¿Cuál es la postura de las personas en tu país sobre el aprendizaje de los idiomas y los estudios en el extranjero?

Cuaderno de ejercicios p. 11 · Actividades interactivas

¡Me lo sé!

EVALUACIÓN

1 Habla con tu compañero/a comenzando de esta forma.

__/4

a Recuerdo un día en el que...
b ¿Una anécdota divertida? Estaba...
c Mi primer contacto con el español fue...
d Cuando llegué a la clase...

2 Escribe en tu cuaderno una pequeña definición para las siguientes palabras.

__/6

- insólito
- caerse
- mascota
- luna de miel
- payaso
- paracaídas

3 Completa las frases con el pretérito pluscuamperfecto.

__/3

a Nunca ....
b Cuando llegué a casa, ...
c Por la mañana le pedí .... y por la tarde ya ....

4 Reacciona ante estas situaciones. Habla con tu compañero/a.

__/3

a Estás en el metro y te golpean en el hombro. No te dicen "lo siento".
b Conoces a una persona de un día y te invita a su fiesta de cumpleaños.
c Después de terminar de cenar en un restaurante, tus amigos no dejan propina.

5 Completa las frases usando un conector.

__/3

a Llamaron a la puerta ....
b Fuimos al cine ....
c Regresé a mi casa ....

6 Une las frases de las columnas de forma que tengan sentido y compáralas con las de tus compañeros.

__/7

1 Había comenzado a nevar...	a después de salir del trabajo.
2 Viajé hasta Guadalajara...	b pero ya estaba despierto.
3 Conocí a Sandro...	c cuando todavía era un niño.
4 Decidí hacer el doctorado...	d después de terminar la carrera.
5 Sonó el despertador...	e que estaba a 100 km de donde vivía.
6 Fuimos al parque...	f pero no había anochecido.
7 Regresé a mi casa a las diez...	g por eso volvimos a casa.

Ahora soy capaz de...

a ...contar una anécdota en pasado. Sí No
b ...reaccionar ante una anécdota. Sí No
c ...contar experiencias insólitas. Sí No
d ...pronunciar algunas palabras acentuadas correctamente. Sí No

Sigue practicando con... SPANISH.ORG Misión 1

Actividades interactivas

Unidad 2

ESPERO APROBAR

Comunicación
- Expresar deseos y preferencias
- Reaccionar ante un deseo

Sesión de cine
- *Azul oscuro casi negro*

Vocabulario
- Los estudios
- Lenguaje del aula

Gramática
- Presente de subjuntivo
- Usos del presente de subjuntivo: dar consejos, hacer recomendaciones y expresar peticiones o mandatos

Pronunciación y ortografía
- Acentuación (2): las palabras esdrújulas y sobreesdrújulas

Cultura
- El *spanglish*

Literatura
- *Poema XX*, de Pablo Neruda

Una estudiante con su ordenador.

¿Qué ves?

1 **Fíjate en la imagen y habla con tu compañero/a.**

- **a** ¿Qué crees que estudia? Y tú, ¿qué quieres hacer cuando acabes tus estudios?
- **b** ¿Te gustaría estudiar fuera de tu país? ¿A dónde te gustaría ir? ¿Por qué?
- **c** ¿Crees que estudiar fuera de tu país es una experiencia beneficiosa?
- **d** ¿Qué le recomiendas a un joven que quiere venir a estudiar a tu país?
- **e** ¿Crees que el Estado debería ayudar económicamente a los estudiantes con becas para estudiar en su país o fuera de él?

7 **2** **Escucha atentamente la siguiente conversación que Antonio mantiene con su madre sobre lo que está haciendo en Estados Unidos y responde a las preguntas.**

- **a** ¿Qué medio de comunicación utilizan?
- **b** ¿Antonio extraña a su familia? ¿Por qué?
- **c** ¿Qué hace Antonio después de clase?
- **d** ¿Cómo reacciona su madre?
- **e** ¿Piensas que Antonio debería dedicar su tiempo solo a los estudios?
- **f** ¿Por qué acepta la oferta de trabajo?
- **g** ¿Crees que estudiar en el extranjero es una buena oportunidad?

Comenzamos con un diálogo

7 **3** **Vuelve a escuchar la conversación y completa la información que falta.**

Mamá 12:18 España Online

Colgar Videollamada

Antonio: ¡Hola, mamá!

Madre: ¡Hola, hijo! Pero, **a** ...., ¿cómo estás?

Antonio: Estoy bien y muy contento. Tengo muchas cosas que contaros. ¿Sabes? He encontrado trabajo para después de clase. **b** .... a Estados Unidos para estudiar y ahora también voy a ganar dinero para mis gastos. ¿Qué te parece? Así papá no tiene que preocuparse por el dinero.

Madre: ¡Ojalá sea así! Pero, recuerda que estás allí para estudiar.

Antonio: Ya, mamá, ya lo sé. Te cuento cómo **c** .... La semana pasada, la señora Franklin me **d** .... que los hijos de unos amigos suyos querían clases privadas de español y ella les habló de mí. Le **e** .... mi número de teléfono y me llamaron. Al día siguiente fui a su casa a conocer a la familia y esa misma tarde **f** .... ¿Te lo puedes creer?

Madre: Bueno, ¿crees que vas a poder enseñarles español? No tienes ninguna experiencia.

Antonio: Ya sé que no soy profesor, pero solo **quieren** clases de conversación y **que les ayude con los deberes**.

Madre: **g** .... **Te aconsejo que tengas paciencia**, pues no es tan fácil. ¿Qué edades tienen los niños?

Antonio: Emily, la pequeña, tiene 5 años y le encanta "Dora, la exploradora". Quiere aprender español para salir en el programa. Su hermano, Patrick, tiene 12 años y siempre está hablando de la liga española de fútbol. ¡**h** .... a todos los jugadores del FC Barcelona!

Madre: Está bien. Solo **quiero que aprendas** tú mucho también. Ahora tienes una buena oportunidad para mejorar tu inglés y **espero que sepas aprovechar el tiempo** que estás allí.

4 **Las frases destacadas no están ni en modo infinitivo ni en modo indicativo. ¿Sabes en qué modo están? Con un compañero/a, clasifica las frases según lo que expresan.**

a Para expresar deseos: ....

b Para expresar peticiones y mandatos: ....

c Para dar consejos y hacer recomendaciones: ....

5 **Escribe un diálogo similar siguiendo las instrucciones. Luego, represéntalo con tu compañero/a.**

1	2	3	4	5	6
Llama a un/a amigo/a que se ha ido a estudiar al extranjero. Salúdalo.	Tu amigo/a responde la llamada y dice qué tal está.	Pregúntale qué hace allí.	Dice que está estudiando y dando clases privadas.	Dale un consejo.	Te da las gracias. Se despide.

Actividades interactivas

Hablar por hablar **COMUNICACIÓN**

EXPRESAR DESEOS Y PREFERENCIAS

■ Para **expresar deseos y preferencias** se puede usar:

- *Querer / Desear / Esperar / Preferir* + infinitivo, si no cambia el sujeto:
  – ***Quiero*** ***ayudarte*** *en todo lo posible.*
- *Querer/Desear/Esperar/Preferir* + *que* + subjuntivo, si cambia el sujeto:
  – ***Esperan que*** *les* ***llame*** *el domingo.*
  – ***Deseo que*** ***aproveches*** *la oportunidad.*
  – ***Prefiero que*** *me* ***paguen*** *en efectivo.*

> ! En el *Apéndice gramatical* tienes más información sobre el presente de subjuntivo.

- *Querer/Desear/Esperar/Preferir* + nombre:
  – ***Quiero*** ***un móvil nuevo*** *para mi cumpleaños.*
- *Ojalá* + subjuntivo:
  – ***Ojalá*** *no* ***llueva****.*
- *Que* + subjuntivo para expresar el deseo a otras personas. Estas expresiones son usadas en situaciones sociales como cuando...
  – alguien está malo. ➜ ***Que*** *te* ***mejores****.*
  – alguien va a hacer un viaje. ➜ ***Que*** ***tengas*** *buen viaje.*
  – es el cumpleaños de alguien. ➜ ***Que*** ***cumplas*** *muchos más.*

1 **Relaciona la situación en cada imagen con el deseo más apropiado.**

1 
2 
3 
4 
5 
6 

a Que seáis muy felices.
b Que os divirtáis.
c Que todo salga bien.
d Que cumplas muchos más.
e Que tengáis buen provecho.
f Que sueñes con los angelitos.

Cuaderno de ejercicios p. 13

2 **En grupos de tres, cada uno escoge una tarjeta y explica la situación al grupo. Tus compañeros deberán expresar un deseo. Anota la respuesta que te gusta más y, después, compártela con la clase.**

◗ *Ayer, en una de las excursiones, olvidé la cámara de mi hermano en algún sitio.*
D *Ojalá puedas encontrarla antes de regresar a casa.*
◗ *Espero que tu hermano comprenda que fue un accidente y que no se enfade.*

Alumno A

- Has suspendido un examen muy importante y no quieres decírselo a tus padres porque no te dejarán ir a la fiesta de tu mejor amigo/a esta noche.
- Te vas de vacaciones a un país muy lejos de tu casa y con una cultura bastante diferente. Di el nombre del país y explica con qué dificultades te puedes encontrar.

Alumno B

- Mañana empiezas un nuevo trabajo y es algo que nunca has hecho. Di de qué trabajo se trata.
- Esta noche tienes la primera cita con una persona que te gusta mucho. Explica qué planes tienes.

Alumno C

- Ayer fuiste a una entrevista de trabajo muy importante y esta semana te dan la respuesta.
- Has inventado algo muy novedoso. Explica a tus compañeros qué es. Este fin de semana tienes la presentación en una feria profesional.

REACCIONAR ANTE UN DESEO

- Para **animar** a la persona que expresa...
  - negación en el deseo:
    – *¡Ojalá* ***no*** *suspenda los exámenes finales!* ***Tampoco es para tanto.***
    No te pongas así.
    No digas esas cosas.
  - un deseo en afirmativo:
    – *¡Ojalá apruebe el examen!* ***Ya verás que sí.***
    (Que) sí, hombre, (que) sí.
    ¡Pero cómo no vas a + infinitivo***!***
- Para **acercar** a esa persona **a la realidad**:
  – *¡Espero que el profesor nos apruebe a todos!* ***Sí, sí, seguro*** (irónico).
  ¡Sueñas! (informal).
  Pero... ¡cómo va a + infinitivo***!***

8 **3** **Escucha las siguientes reacciones ante un deseo y marca con un ✔ de qué tipo es.**

	Animar a la persona	Acercar a esa persona a la realidad	Expresión
1			
2			
3			
4			
5			

Hablar por hablar COMUNICACIÓN

4 **Lee las propuestas que presenta el nuevo director de la escuela al comienzo del año escolar. En grupos de tres, turnaos para hacer los papeles de director (el que presenta las reglas), de delegado de clase (el que representa a los compañeros de clase) y de profesor de español (el que representa a los profesores del departamento).**

De ahora en adelante...
- La hora del almuerzo será de veinte minutos.
- Habrá clase de español solo una vez a la semana.
- No habrá más servicio de cafetería.
- Se eliminarán los exámenes de mitad de año.
- Cada estudiante tendrá la opción de elegir sus propios profesores.

La hora del almuerzo será de veinte minutos.

Estudiante 1 (Director)

Tampoco es para tanto. Así los estudiantes no tienen tiempo para meterse en problemas.

Estudiante 2 (Profesora)

¡Sueñas! Es imposible comer en veinte minutos.

Estudiante 3 (Delegado de clase)

5 **Escribe tres aspectos positivos y tres negativos sobre tu escuela.**

Positivos	Negativos

6 **Compara y comenta tus respuestas con las de tus compañeros y expresa tus deseos para solucionar los aspectos negativos. Tus compañeros reaccionarán a tus deseos.**

Cuaderno de ejercicios p. 14 Actividades interactivas

Sesión de cine VÍDEO

Título: Azul oscuro casi negro.
Año: 2005.
País: España.
Género: Drama.
Director: Daniel Sánchez Arévalo.
Intérpretes: Quim Gutiérrez, Marta Etura, Antonio de la Torre, Héctor Colome, Raúl Arévalo, Eva Pallares, Manuel Morón, Ana Wagener y Roberto Enríquez.
Secuencias: 00:09:18 – 00:13:08
00:35:44 – 00:37:08

SINOPSIS

Jorge ha heredado el trabajo de portero de su padre después de que este sufriera un infarto cerebral hace siete años. Sin embargo, lucha contra un destino que parece inevitable. En los últimos años se ha esforzado por hacer su trabajo, cuidar de su padre y estudiar una carrera. Ahora su deseo es encontrar un puesto acorde a sus estudios (es licenciado en Empresariales). A través de su hermano Antonio, que está en prisión, conoce a Paula, con quien iniciará una extraña relación que impulsará a Jorge a dejar de sentirse responsable de todo y enfrentarse a sus deseos.

1 **Lee la sinopsis de la película y describe cada una de las siguientes imágenes. Habla con tu compañero/a.**

a

b

c

d

2 **Ve la secuencia de la película y haz las actividades que te va a repartir tu profesor/a.**

Secuencia de película   Actividades interactivas

Palabra por palabra VOCABULARIO

Los estudios

1 **Lee cómo aprendieron español estos estudiantes y completa las frases con el vocabulario de los estudios. Después, compara tus respuestas con tu compañero/a.**

escuela secundaria ▪ curso virtual ▪ colegio bilingüe ▪ asignatura obligatoria ▪ beca ▪ asignatura optativa ▪ curso de perfeccionamiento ▪ estudios primarios ▪ curso intensivo

a

Yo cursé mis **1** .... en un **2** ...., por lo que mi nivel de español siempre ha sido bastante bueno. Cuando cumplí 18 años me fui de *au pair* a España. Creo que esta es una manera barata de aprender otro idioma.

b

El año pasado hice un **3** .... de español. Hacer amigos hispanos por Internet es lo que más me apasiona.

c

Hace dos años obtuve una **4** .... para un **5** .... de tres semanas en Argentina y pude mejorar lo que había aprendido durante mis clases de español. Allí conocí a mucha gente.

d

Yo nunca había dado clases de español en la **6** .... Un día me inscribí en un curso de español y me concedieron una beca de estudios que incluía un curso de español en México con estancia en una familia de allí.

e

Mi primer contacto con el español fue hace dos años, cuando lo elegí en el instituto. Empezó como una **7** .... y al año siguiente la elegí como **8** ....

f

Mis padres son colombianos y en casa hablamos español. Hice un **9** .... de español porque lo necesitaba para mejorar mi español y poder hablar con mi familia.

2 **Relaciona las siguientes palabras con su definición.**

1 Colegio privado. •
2 Colegio concertado. •
3 Aula multimedia. •
4 Curso intensivo. •
5 Beca. •
6 Asignatura optativa. •

• a Centro de estudios privado pero con subvenciones del gobierno.
• b Aquella que la elige el alumno voluntariamente.
• c Aquel que se realiza en un espacio corto de tiempo y con dedicación completa.
• d Centro de estudios que funciona como una empresa privada.
• e Subvención para realizar estudios.
• f Espacio equipado con ordenadores.

3 **¿Y tú? ¿Qué tipo de cursos has hecho para aprender español? Habla con tu compañero/a.**

4 **Serena es una joven canadiense que está buscando en Internet información sobre diferentes programas para estudiar español. Lee las páginas que ha visitado y busca el significado de las palabras destacadas intentando explicarlas en español.**

a **Vive en español una experiencia inolvidable.**

Español para jóvenes, adultos y familias en un entorno rural en los bosques de Asturias. Convive, comparte y aprende de una manera natural. Todos juntos es una empresa familiar especializada en **aprendizaje** y en el ecoturismo responsable. Nuestro proyecto educativo se especializa en crear espacios de ocio y tiempo libre para jóvenes adolescentes, adultos y para los más pequeños, con un **enfoque** y **metodología** que apuestan por la igualdad, la cooperación, la solidaridad, el amor por la vida y el respeto a la naturaleza.

(Adaptado de http://www.green-spiral.com/es)

b **Imagina un año de aventuras** estudiando en un **instituto** colombiano, haciendo amigos de todo el mundo, viajando, formando parte de una familia anfitriona, cuidando de sus niños y recibiendo un salario mensual. Estas son solo algunas ventajas que el **programa *au pair*** te ofrece.

(Adaptado de http://www.culturalcare.com.co)

c **Convive con el idioma, vívelo, apréndelo y comunícate.**

Escuela de idiomas Comunícate.

La mejor forma de aprender un idioma es estudiándolo mientras lo utilizas en la vida diaria. Con "Comunícate" puedes elegir un destino y **realizar** cursos adaptados a tu edad y exigencias. Vive un idioma y disfruta de su estudio sumergiéndote en su propia cultura.

Disfruta de un **curso escolar** en el extranjero si eres estudiante de 14 a 18 años. Pasa un año de **intercambio** en otro país como estudiante de **Secundaria** y estudia junto a **nativos**.

Palabra por palabra VOCABULARIO

5 **Relaciona las siguientes descripciones con el tipo de programa anterior al que se refiere.**

	Programas		
1 Programa que ofrece la posibilidad de ganar dinero.	A	B	C
2 Curso al que se puede asistir con los padres.	A	B	C
3 Programa que se desarrolla en la naturaleza.	A	B	C
4 Curso donde se estudia un año académico en un instituto.	A	B	C
5 Opción que tiene en cuenta un aprendizaje integral, que incluye también educación en valores.	A	B	C

6 **Busca correspondencia en los textos anteriores para cada una de las siguientes palabras.**

a Instrucción: ....

b Orientación: ....

c Visión pedagógica: ....

d Escuela superior: ....

e Cambio: ....

f Hablantes autóctonos: ....

7 **¿Qué tipo de curso elegirías tú para estudiar español? Habla con tus compañeros.**

8 **En grupos de tres, diseñad un programa para estudiar español. Podéis usar los ejemplos de la página anterior como guía.**

Incluid la siguiente información:

a ¿Cómo se llama el programa?

b ¿Dónde se realiza: en clase, en otro país...?

c ¿Qué ofrece vuestro programa? Pensad en los aspectos que han sido más impactantes para vosotros a la hora de aprender español.

d ¿Qué aspecto innovador incluye? Pensad en las actividades nuevas, diferentes, etc. que os gustaría tener ahora en vuestra clase de español.

9 **Presentad vuestra propuesta a la clase. Después, vuestros compañeros votarán por el programa que les ha interesado más. ¿Cuál de los programas recibió más votos? ¿Por qué?**

Cuaderno de ejercicios p. 14

Lenguaje del aula

10 **Algunos estudiantes hablan sobre su clase. ¿Quién crees que lo ha dicho? Relaciónalo con sus imágenes. Presta atención al vocabulario nuevo.**

1 Somos muy pocos en clase. Esto hace que la mayoría de las **asignaturas** sean **clases prácticas**. Me gusta cuando el profesor **hace un experimento**. ¡Ojalá las clases sean siempre así!

2 Todas las mañanas el profesor **pasa lista** para ver quién no ha venido. Luego **debatimos sobre un tema** de actualidad, **plantea una duda** y tenemos que **analizar** las causas y las consecuencias. Espero que el profesor siga haciendo esto todos los días.

3 Me gusta cuando el profesor hace una pregunta y nosotros tenemos que consultarla en Internet. De esta forma no tenemos que **memorizar**, sino que debemos **reflexionar** sobre los temas. ¡Ojalá **apruebe** todo!

4 Ayer **hicimos un comentario de texto** sobre el escritor hispano Borges. ¡Me encanta cómo escribe! Por favor, ¡que leamos más literatura!

5 Este año termino el instituto. Creo que **tengo un buen expediente**. Mi **nota media** es un 9. ¡Espero no **suspender** nada y poder ir a la universidad que quiero!

11 **¿Qué es lo que más te gusta de tus clases? Expresa tu opinión.**

Cuaderno de ejercicios p. 15 Actividades interactivas

Paso a paso

GRAMÁTICA

PRESENTE DE SUBJUNTIVO: VERBOS REGULARES

	trabajar	**comer**	**vivir**
yo	trabaj**e**	com**a**	viv**a**
tú	trabaj**es**	com**as**	viv**as**
él/ella/usted	trabaj**e**	com**a**	viv**a**
nosotros/as	trabaj**emos**	com**amos**	viv**amos**
vosotros/as	trabaj**éis**	com**áis**	viv**áis**
ellos/ellas/ustedes	trabaj**en**	com**an**	viv**an**

- Las terminaciones de los verbos en ***–er***, ***–ir*** son ☐ **iguales** / ☐ **diferentes**.
- En todas las conjugaciones, la primera y la tercera persona del singular son ☐ **iguales** / ☐ **diferentes**.

Videogramas

1 **Repasa la conjugación del presente del subjuntivo y selecciona la opción correcta para completar la explicación anterior.**

2 **Reacciona a lo que te cuentan estos amigos. Completa las conversaciones con los verbos en paréntesis en afirmativo o negativo para expresar tu deseo. Crea tu propio deseo al final. Después, practica las conversaciones con tu compañero/a.**

Javier

He conseguido mi carné de conducir.

Espero que... (llevarme al instituto, escribir mensajes de texto en el coche, exceder el límite de velocidad, ¿...?)

....

....

....

Elena

He recibido un mensaje de texto de mi ex.

Prefiero que... (contestar, ignorarlo, borrarlo sin leer, ¿...?)

....

....

....

Ricardo

Mañana empiezo a trabajar en una tienda de ropa.

Quiero que... (llegar a tiempo, vender mucho, discutir con los clientes, ¿...?)

....

....

....

3 **Observa los diferentes tipos de irregularidades en el presente de subjuntivo y completa las formas que faltan. Trabaja con tu compañero/a.**

PRESENTE DE SUBJUNTIVO: VERBOS IRREGULARES

(e → ie)		(o → ue)		(u → ue)	
querer		**soñar**		**jugar**	
quiero	→ 1	sueño	→ sueñe	juego	→ 7 ....
quieres	→ 2	sueñas	→ 4	juegas	→ juegues
quiere	→ quiera	sueña	→ sueñe	juega	→ 8 ....
queremos	→ queramos	soñamos	→ 5	jugamos	→ juguemos
queréis	→ queráis	soñáis	→ soñéis	jugáis	→ juguéis
quieren	→ 3	sueñan	→ 6	juegan	→ 9 ....

! • –car > –que • –gar > –gue • –zar > –ce

Otros verbos:
e → ie ...., ..., ... o → ue ...., ..., ...

(e → i)		(i → y)		(e → ie) pero e → i en *nosotros* y *vosotros*	
servir		**destruir**		**mentir**	
sirvo	→ sirva	destruyo	→ destruya	miento	→ mienta
sirves	→ 10	destruyes	→ destruyas	mientes	→ 14 ....
sirve	→ sirva	destruye	→ 12	miente	→ mienta
servimos	→ 11	destruimos	→ destruyamos	mentimos	→ 15 ....
servís	→ sirváis	destruís	→ destruyáis	mentís	→ mintáis
sirven	→ sirvan	destruyen	→ 13	mienten	→ 16 ....

Otros verbos:
e → i ...., ... i → y ...., ... e → ie/i ...., ...

(o → ue) pero o → u en *nosotros* y *vosotros*		Verbos con irregularidad en la forma **yo**		Verbos completamente irregulares
dormir		**tener**		**ser**
duermo	→ 17	tengo	→ 20	**sea**
duermes	→ duermas	tienes	→ tengas	23 ....
duerme	→ duerma	tiene	→ tenga	**sea**
dormimos	→ 18	tenemos	→ 21	24 ....
dormís	→ durmáis	tenéis	→ tengáis	**seáis**
duermen	→ 19	tienen	→ 22	**sean**

Otros verbos:
o → ue/u ....
Irregulares en *yo* ...., ..., ...
Completamente irregulares *haber (haya)*, ..., ..., ...

Videogramas

4 **Trabaja con tu compañero/a y clasificad estos infinitivos en la sección "Otros verbos" de la tabla anterior, según su irregularidad correspondiente.**

- repetir
- saber
- ir
- sentir
- encontrar
- acostarse
- pedir
- defender
- sentarse
- empezar
- venir
- construir
- conocer
- divertirse
- incluir
- morir
- almorzar
- estar
- salir
- hacer

Paso a paso

GRAMÁTICA

5 **Lee el correo electrónico que escribió María a un amigo y subraya los verbos que estén en presente de subjuntivo. Después, comenta con tu compañero/a si son regulares o irregulares.**

Examen

Para: arturo@mail.es

Espero que le vaya bien en el examen que tienes mañana y que consigas entrar en esa universidad. Ojalá me puedas llamar pronto y me digas que ya estás tramitando la inscripción.
También espero que estés más tranquilo que la última vez, y que los nervios no te jueguen una mala pasada; ya sabes que lo más importante es mantener la calma y la concentración.
De mí, poco te puedo contar; solo que entregué hace unos días mi proyecto final al profesor, pero todavía no he recibido la nota, y que posiblemente me operarán el mes que viene del codo, ya sabes: mi pasión por el tenis.
Pero hay más: si todo sale bien y encuentro trabajo, y mi hermano Iván termina la carrera este año, nos mudaremos a un apartamento en el centro. ¿Qué te parece? Esto sí que es una noticia.

	Regular	Irregular
a *Vaya* → *ir*	▢	▢
b	▢	▢
c	▢	▢
d	▢	▢
e	▢	▢
f	▢	▢

9 **6** **Escucha a un grupo de estudiantes que opinan sobre la universidad. Completa las columnas con las cualidades positivas y negativas que destacan y escribe los deseos que formulan. Compara tus respuestas con tu compañero/a. ¿Coincidís?**

	Cualidades positivas	Cualidades negativas	Deseos
1			
2			
3			
4			
5			
6			

7 **Vuelve a leer el correo de la actividad 5 y escríbele una respuesta a María, expresándole buenos deseos para su futuro.**

Examen

Para: maria@mail.es

Cuaderno de ejercicios p. 15

USOS DEL PRESENTE DE SUBJUNTIVO: DAR CONSEJOS Y HACER RECOMENDACIONES

- Para dar consejos y hacer recomendaciones de **manera general**, se usa:
  - ***Aconsejar/Recomendar*** + infinitivo
    – *Yo aconsejo ir en metro por Madrid.*

- Para dar consejos y hacer recomendaciones a **una persona o grupo de personas**, se usa:

me			
te			**que + subjuntivo (sujetos diferentes)**
le	**recomendar**	+	**infinitivo (mismo sujeto)**
nos	**aconsejar**		**nombre**
os			
les			

– *Te aconsejo que te tomes tu tiempo durante el examen.*
– *Te recomiendo el nuevo libro de Ruiz Zafón.*

Recuerda:
- No cambia el sujeto ➔ infinitivo
- Sujetos diferentes ➔ *que* + subjuntivo

8 **María ha decidido ir a tu país a estudiar en tu escuela. Escríbele un correo electrónico dándole consejos y recomendaciones sobre los aspectos que debe saber sobre tu escuela, los estudiantes, los profesores, etc.**

Examen

Para: maria@mail.es

USOS DEL PRESENTE DE SUBJUNTIVO: EXPRESAR PETICIONES O MANDATOS

- Expresar **peticiones** y **mandatos**:
  - **Te pido...** (pedir)
  - **Te ruego...** (rogar)
  - **Te exijo...** (exigir)
  - **Me exijo...** (exigir)
  - **Te mando...** (mandar)
  - **Te ordeno...** (ordenar)

- Estos verbos van seguidos de...
  - un nombre. ➔ *Te pido paciencia.*
  - un infinitivo (si los sujetos no cambian). ➔ *Me exijo ser más responsable.*
  - el subjuntivo (si hay dos sujetos diferentes). ➔ *Te pido que recojas la ropa sucia del suelo.*

- Para expresar peticiones o mandatos que pueden molestar al interlocutor, es frecuente usar expresiones como: *por favor, tengo que decirte una cosa/cosita; no te enfades, pero...*; y justificar la petición o mandato con: *es que..., es que si no...*

- Para **pedir disculpas** por un comportamiento no adecuado, se usan expresiones como: *es verdad, tienes razón, perdón/perdona/perdóname, lo siento (mucho), no volverá a pasar, no lo volveré a hacer...*

>>>

Paso a paso

GRAMÁTICA

10 **9 Escucha la conversación que mantiene Mario con su hermano Iván, después de estar viviendo juntos unos meses en su nuevo apartamento del centro. Marca si las siguientes afirmaciones son verdaderas (V) o falsas (F). ¿Crees que tienen una buena relación?**

a Todos los días Iván deja su ropa sucia en el cuarto de baño. V F
b Mario no quiere recoger la ropa de su hermano. V F
c Mario se acuesta muy tarde. V F
d Iván pone la televisión muy temprano y despierta a su hermano. V F
e Iván es muy ordenado. V F

10 **10 Vuelve a escuchar y anota las peticiones de Mario y de Iván en el lugar correspondiente. Compara tus respuestas con tu compañero/a.**

Exigencias con uno mismo	Peticiones a otra persona

11 En grupos de tres, hablad sobre vuestras experiencias de convivir con otras personas respondiendo a las preguntas que siguen. Después, preparad una lista de peticiones para la persona con quien compartís o vais a compartir habitación y presentad vuestra lista a la clase.

a ¿Compartes habitación con tu hermano/a o alguna vez has compartido habitación con otras personas?
b ¿Piensas que es importante llevarte bien con la persona con la que compartes habitación?
c ¿Es más difícil compartir piso con alguien que conoces o con un desconocido?

– *Me gustaría hablar contigo, Juan/Juana. Mira, te pido que…*

12 ¿Cómo te sientes cuando le pides algo a alguien y recibes una respuesta negativa? Aquí te damos una lista de sentimientos. Elige uno o dos de ellos y explícalo con un ejemplo.

decepción ▪ insatisfacción ▪ enfado ▪ indiferencia

– *Yo le pido a mi hermano que no discuta con nuestra madre porque me resulta muy desagradable, pero no me hace caso. Tengo una gran sensación de impotencia…*

13 En un papel, escribe tres peticiones que se puedan realizar en clase. Intercambia los papeles con los compañeros. Después, cada uno, por turnos, debe hacer las peticiones o dar las órdenes a uno de sus compañeros y este debe realizarlas.

– *Te pido que te levantes, por favor, vayas a la mesa del profesor, le pidas el libro y se lo des a mi compañero.*

Cuaderno de ejercicios p. 17   Actividades interactivas

Suena bien — PRONUNCIACIÓN Y ORTOGRAFÍA

Acentuación (2): las palabras esdrújulas y sobreesdrújulas

1 **Lee la explicación y escribe un ejemplo más en cada apartado. Trabaja con tu compañero/a.**

LAS PALABRAS ESDRÚJULAS Y SOBREESDRÚJULAS

- Las **palabras esdrújulas** son las que tienen la sílaba tónica en la antepenúltima sílaba. Siempre llevan tilde: *es**drú**jula, **brú**jula, **mú**sica,* **a** ....
- Las **palabras sobreesdrújulas** son las que tienen la sílaba tónica en la sílaba anterior a la antepenúltima sílaba. Normalmente estas palabras son adverbios terminados en *–mente*, imperativos o gerundios seguidos de pronombres.
  - Los adverbios terminados en *–mente* se forman a partir de un adjetivo. En este caso, si el adjetivo de origen se acentúa, el adverbio en *–mente* también: ***fá**cil* → ***fá**cilmente; efec**ti**va* → *efec**ti**vamente;* **b** ....
  - La colocación de los pronombres después de imperativo y gerundio da lugar, en muchas ocasiones, a palabras sobreesdrújulas. En este caso, se acentúan siempre: ***cóm**pratelo, **dán**doselo,* **c** ....

2 **Lee el siguiente texto y pon la tilde en las palabras que lo necesiten. Después, compáralo con tu compañero/a. ¿Habéis encontrado las ocho tildes que faltan? *¡Atención!* Una palabra se repite.**

En España, hay 1561 123 alumnos matriculados en las universidades publicas y 142 409 en las privadas. Practicamente 1 046 570 jovenes estudian grados y otros 656 962 están matriculados en masteres. Generalmente, los grados constan de 240 creditos, es decir, de 2400 horas de clase. Para obtener un máster, en cambio, basta con 600 o 1200 horas de clase (60 o 120 creditos).

Los estudios que más alumnos agrupan son el grado de Derecho (con el 7%), Magisterio (6,9%) y de Administración y Dirección de Empresas (6,2%). Una de las carreras más modernas y prometedoras es la de Investigación y Tecnicas de Mercado, que se puede cursar en la Universidad de Barcelona y en la de Murcia. ¿Quieres saber más sobre esta carrera? Informate en el sitio web de estas universidades.

3 **Escribe correctamente el plural de las siguientes palabras llanas. Después, cuenta a tu compañero/a una breve historia en la que aparezcan cuatro de ellas. Él/Ella tiene que escribirlas en un papel y enseñártelas para ver si son correctas.**

a germen	f mástil ....
b culmen	g escáner ....
c lápiz	h iluso ....
d dolmen	i crimen ....
e examen	j arcángel ....

Cuaderno de ejercicios p. 18 Actividades interactivas

Mundo hispano

Cultura

EL SPANGLISH

1 **Lee con atención las siguientes definiciones, escoge la que crees que es correcta y justifica tu elección.**

a El *spanglish* es la mezcla de español e inglés de la población hispana adinerada que vive en Estados Unidos.

b El *spanglish* es la lengua que mezcla palabras españolas con inglesas y que hablan todas las comunidades hispanas que viven en Estados Unidos.

2 **Ordena los siguientes fragmentos para entender el término *spanglish* y su origen.**

Origen del spanglish

a [1] El origen del *spanglish* data de mediados del siglo XIX cuando México pierde la guerra y cede a Estados Unidos más de la mitad de su territorio. A partir de este momento, estos habitantes de origen mexicano tienen que aprender inglés.

b [ ] Cuatro años después, en 1977, surge la obra fundacional de la literatura en *spanglish*, el cuento "Pollito Chicken" de la narradora de origen puertorriqueño Ana Lydia Vega, donde critica duramente la pérdida de identidad de los inmigrantes en Estados Unidos.

c [ ] Sin embargo, entre ellos siguen hablando en español y poco a poco surge el *spanglish* como símbolo de su propia identidad. En la segunda mitad del siglo XX, la gran inmigración de latinoamericanos a Estados Unidos supone la expansión definitiva del *spanglish*.

d [ ] En la década de los 70, los Nuyorican Writers, un grupo de dramaturgos y poetas de vanguardia y de origen puertorriqueño, son los primeros en llevar el *spanglish* a la literatura. Crecen en Nueva York, pero hablan y escriben en español e inglés.

e ▢ Un año después, en 2004, Stavans da un paso más en el proceso de expansión de este nuevo idioma con la creación del *ciber-spanglish*, donde nacen verbos como "printear" (de imprimir/*to print*) o "resetear" (de volver a encender el ordenador/*to reset*).

f ▢ En el año 1973 fundan en Manhattan el *Nuyorican Poets Café*, que se convierte en el núcleo de la literatura en *spanglish*.

g ▢ En el año 2003, Ilan Stavans, un filólogo de origen mexicano publica el mayor diccionario de esta lengua que recoge 6000 palabras y expresiones surgidas de la mezcla del español e inglés.

11 **3 Ahora escucha el texto ordenado y comprueba tu respuesta.**

4 Lee las siguientes frases de María y subraya las palabras en *spanglish*. Después, relaciónalas con su significado.

edificio ▪ ocupada ▪ adiós ▪ bilingüe ▪ ver la televisión ▪ vaso ▪ pasar la aspiradora ▪ teclear

¡Babay Diego! Nos vemos mañana.

Juan es muy rápido cuando clickea.

Antes de acostarme tomo un glasso de leche porque me ayuda a dormir mejor.

¡Qué bildin más bonito!

¡Lo siento, no puedo ir! Esta semana estoy muy bisi.

Dice que es bilingual, pero yo no le creo.

Vacuno una vez a la semana.

Ana estaba watcheando la TV.

5 Lee la biografía de Bill Santiago y busca el videoclip *Spanglish 101* en Comedy Central para ver un ejemplo de su humor y cómo transmite su experiencia bilingüe y bicultural al público.

HUMOR

Bill Santiago, comediante de Stand up y autor del libro *Pardon My Spanglish*, nació en Nueva York de padres puertorriqueños.

"La vida es demasiado corta para ser monolingüe".

Ha participado en programas como *Comedy Central Premium Blend, Showtime, Conan, The Late Late Show with Craig Ferguson, Chelsea Lately* y *CNN en español*, entre otros. Bill Santiago trae su humor y observaciones sobre el lenguaje, la sociedad y la política. Su libro *Pardon My Spanglish* está siendo utilizado en las universidades y escuelas secundarias de todo el país para estimular las discusiones acerca de la identidad, el idioma y el multiculturalismo.

Comediante, autor, actor, presentador de televisión y comentarista.

Cuaderno de ejercicios p. 18

Actividades interactivas

Érase una vez... LITERATURA

1 **¿Conoces a Pablo Neruda? ¿Qué sabes de él? Busca información sobre este autor y continúa escribiendo su biografía.**

Pablo Neruda

Neftalí Ricardo Reyes Basoalto es el verdadero nombre de Pablo Neruda. Nació el 12 de julio de 1904 en Parral, Chile, pero pasó su infancia en Temuco, un pueblo al sur del país, donde su padre ejercía como conductor de trenes. Vivía lejos de las tradiciones y de la civilización, rodeado de trabajadores y en contacto constante con la naturaleza. En 1923 escribió su primer libro de poemas, *Crepusculario* ....

....

....

....

....

....

....

....

....

....

....

2 **Con la información que has obtenido, intenta contestar a estas preguntas.**

a ¿Cuál es el verdadero nombre de Pablo Neruda?

....

b ¿En qué lugar y en qué año nació?

....

c Cuando Neruda es muy pequeño, muere alguien muy importante para él, ¿quién? ¿Cómo se llamaba?

....

d ¿En qué año adoptó el apodo "Pablo Neruda"?

....

e ¿Cuándo aparece su obra *Veinte poemas de amor y una canción desesperada*?

....

f ¿Dónde y cuándo muere Pablo Neruda?

....

12 **3** **Escucha este diálogo de dos estudiantes de español y comenta las respuestas con tus compañeros.**

a ¿Con quiénes vivió Neruda en Madrid?

b ¿Qué obtuvo Neruda en 1971?

c ¿De qué temas tratan sus poemas?

d ¿Qué es para ti el amor?

e ¿Es un sentimiento triste o alegre?

f ¿Cuál es tu canción de amor preferida? Si recuerdas la letra, ¿podrías recitarla en clase?

4 **Antes de leer un poema de Pablo Neruda, relaciona las siguientes palabras con su significado.**

1 Los astros.	a La hierba.
2 El alma.	b Temblar por el frío, fiebre, miedo, etc.
3 El rocío.	c Las estrellas.
4 El pasto.	d Parte espiritual de una persona.
5 Tiritar.	e Gotas de agua que se condensan en la hierba.

13 **5** **Lee y escucha el poema.**

Poema XX

Puedo escribir los versos más tristes esta noche.
Escribir, por ejemplo: "La noche está estrellada,
y tiritan, azules, los astros, a lo lejos".
El viento de la noche gira en el cielo y canta.
Puedo escribir los versos más tristes esta noche.
Yo la quise, y a veces ella también me quiso.
En las noches como esta la tuve entre mis brazos.
La besé tantas veces bajo el cielo infinito.
Ella me quiso, a veces yo también la quería.
Cómo no haber amado sus grandes ojos fijos.
Puedo escribir los versos más tristes esta noche.
Pensar que no la tengo. Sentir que la he perdido.
Oír la noche inmensa, más inmensa sin ella.
Y el verso cae al alma como al pasto el rocío.
Qué importa que mi amor no pudiera guardarla.
La noche está estrellada y ella no está conmigo...

(*Veinte poemas de amor y una canción desesperada,* Pablo Neruda)

6 **Responde a las preguntas.**

a ¿Cuál es el tema del poema? ....

b ¿Qué relación existe en la actualidad entre los protagonistas del poema? ¿Era diferente su relación en el pasado? ....

c ¿Crees que el poeta sigue enamorado de la mujer de la que habla? ¿Por qué? Señala los versos que te lo indican. ....

d ¿Qué tipo de amor describe el poeta? ....

7 **Esta composición es la más famosa del libro y uno de los poemas amorosos más célebres de la lengua española. ¿Te ha gustado? ¿Qué sentimientos te provoca? ¿Cuál de los versos es el más triste para ti? Habla con tu compañero/a. Después, escribe un verso parecido en el que expreses con otras palabras un sentimiento igual.**

– Puedo escribir los versos más tristes esta noche...

Actividades interactivas

Me preparo para el DELE

Prueba de comprensión de lectura

1 **Lee el siguiente texto del que se han extraído cinco fragmentos. A continuación, lee los siete fragmentos propuestos (A-G) y decide en qué lugar del texto (1-5) hay que colocar cada uno de ellos. Hay dos fragmentos que no tienes que elegir.**

Vivir fuera de tu país

Vivir fuera de tu país puede ser una experiencia muy interesante e inolvidable, pero al mismo tiempo afecta de manera importante a tu vida. 1 ___. La realidad es que, incluso en los casos en que el idioma es el mismo, nos encontramos con diferencias culturales que para algunas personas son muy difíciles de comprender y adaptarse a ellas.

Vivir lejos de casa, aunque sea por un corto periodo de tiempo, puede ser muy difícil al principio. Tendrás que recordar que todos los cambios son difíciles, pero que a través de ellos construirás tu carácter, por lo que siempre serán beneficiosos. 2 ___.

Quienes viven por su cuenta lejos de su familia y amigos saben lo que digo. Ser independiente se convierte en sinónimo de responsable, o sea, no vas a tener a nadie que te ayude a conseguir cada meta que desees alcanzar en la vida. 3 ___.

También es completamente normal perder todos los privilegios que solías tener en tu país (por lo menos al principio) como tu coche, tu cama, tu cuarto de baño, tu tipo de comida. 4 ___.

En definitiva, 5 ___, debes observar lo que ocurre a tu alrededor y aprender lo antes posible cómo son los comportamientos socioculturales del lugar donde vives ahora, haciendo nuevos amigos, cambiando tus puntos de vista, aceptando opiniones y valoraciones diferentes y aprovechando todas las oportunidades que te surjan para conocer y profundizar en la cultura del país que te ha acogido.

a Luego están los pequeños detalles, como sentarse solo frente a un televisor en lugar de tener una charla agradable con alguien de tu familia o amigos, lo que hace que valores más lo que tenías antes de salir de tu entorno.

b para sobrellevar este choque cultural

c Vivir momentos difíciles desarrollan nuestra personalidad y nos hacen más fuerte para enfrentar la vida de adulto.

d El efecto más importante de la vida lejos de casa es la independencia que adquieres.

e Y, por si esto fuera poco, tienes que comprender y aceptar otro tipo de sociedad y de cultura a veces muy diferente a la tuya, que afecta a tu vida cotidiana.

f echarás de menos a tu familia pero

g Un argumento a favor para quedarse en el país de origen es que los problemas de adaptación a una nueva forma de vida no siempre se pueden superar.

Prueba de expresión e interacción escritas

2 **Lee el siguiente mensaje publicado en un blog dedicado a los viajes y redacta un texto (de entre 130 y 150 palabras) para enviarlo al foro en el que deberás contar:**

- Cuándo, dónde y con quién fuiste.
- Qué fue lo que más te gustó y por qué.

Bienvenido al foro:
Mis viajes
Cuéntanos un viaje que has hecho y tus impresiones sobre él.

Cuaderno de ejercicios p. 19 Actividades interactivas

¡Me lo sé!

EVALUACIÓN

1 **Relaciona las siguientes palabras con su significado.**

_/5

1 Curso intensivo
2 Beca
3 Pasar lista
4 Asignatura
5 Expediente académico

a Subvención para realizar estudios.
b Lo hace el profesor para ver quién no ha venido.
c Es un informe en el que se detalla las asignaturas que has cursado y las notas que has sacado en ellas.
d Se hace en un espacio corto de tiempo y con dedicación completa.
e Materias que tienes en un curso como, por ejemplo, Matemáticas, Geografía o Física.

2 **Completa los siguientes deseos para el futuro.**

_/3

a Espero .... (conseguir) un buen trabajo.
b Deseo .... (viajar) por el mundo un año antes de empezar a trabajar.
c Quiero .... (conocer) al amor de mi vida o .... (crear) una familia.

3 **Imagina que los anteriores deseos son de tu compañero/a. Deséale que se cumplan haciendo los cambios necesarios en las frases.**

_/3

a ....
b ....
c ....

4 **Reacciona a estos deseos y valoraciones con las siguientes expresiones.**

_/4

- Ya verás que sí.
- ¡Sueñas!
- Sí, sí, seguro.
- No digas esas cosas.

a ¡Ojalá aprenda mucho este curso! ....
b Espero que mis prácticas sean muy interesantes. ....
c ¡Ojalá no perdamos todos los partidos! ....
d Prefiero que el profesor no ponga un examen tipo test. ....

5 **Completa la lista de exigencias que Pedro ha colgado en el frigorífico, el más organizado de un grupo de amigos que comparten piso.**

_/5

a Os pido que .... (tirar) la basura todos los días.
b Te ruego que .... (recoger) la ropa sucia del baño.
c Me exijo .... (cocinar) una vez a la semana para todos.
d Os ordeno que .... (fregar) los platos sucios después de comer.
e Os exijo que .... (hacer) fiestas solo durante el fin de semana.

Ahora soy capaz de...

a ...expresar deseos para mí y para los demás. Sí No
b ...pedir a los demás lo que necesito. Sí No
c ...entender cuando alguien me pide algo. Sí No
d ...comprender y usar palabras relacionadas con los estudios. Sí No

Sigue practicando con... SPANISH.ORG Misión 2

Actividades interactivas

Unidad 3

NOS DIVERTIMOS

Comunicación
- Preguntar por la existencia de algo o de alguien
- Expresar gustos y aversiones

Sesión de cine
- *Sus ojos se cerraron y el mundo sigue andando*

Vocabulario
- Estar a la moda
- Vacaciones alternativas

Gramática
- Las oraciones de relativo
- Pronombres y adjetivos indefinidos
- Verbos de sentimiento

Pronunciación y ortografía
- Acentuación (3): la tilde diacrítica

Cultura
- Música y moda

Literatura
- *Campos de Castilla*, de Antonio Machado

Mis fotos del fin de semana.

¿Qué ves?

1 **Observad las imágenes. ¿Con qué actividades de tiempo libre las identificas?**

2 **Indica tu opinión sobre las actividades anteriores y añade otras que puedes hacer cuando visitas una nueva ciudad. Habla con tu compañero/a.**

14 **3** **Ana es de Uruguay y en unos días va a visitar a Verónica en Madrid. Escucha el diálogo y responde a las siguientes preguntas.**

a ¿Qué actividad no pueden hacer las chicas en Madrid?

b ¿Qué actividad pensaba Verónica que a Ana no le gustaba nada?

c ¿Qué prefiere hacer Ana en lugar de visitar museos?

d ¿Qué idea de Ana le encanta a Verónica?

Ana

Comenzamos con un diálogo

14 **4** **Escucha de nuevo e identifica qué actividades de tiempo libre se mencionan en ella.**

Ana: Vero, ¡no te *podés* imaginar las ganas que tengo de ir a España a verte!
Verónica: Sí, lo sé. ¡Ya verás qué bien nos lo vamos a pasar!
Ana: Seguro, pero tenemos que decidir qué vamos a hacer. ¿Preparaste ya algún plan interesante? Ya *sabés* que me encanta ir a la playa, pero en Madrid es un poco complicado, ¿no?
Verónica: Pues sí, bastante. Hay un río, pero es muy pequeño y, además, no nos podemos bañar.
Ana: Bueno, me hablaron también de que en Madrid hay muchas calles comerciales.
Verónica: Pues eso sí que podemos hacerlo. Pero creía que odiabas ir de compras.
Ana: Eh, no exactamente... Cuando viajo, me gusta mucho comprar ropa original para mis amigos y familiares.
Verónica: Entonces podemos ir a Fuencarral. Es una calle que tiene muchas tiendas con ropa moderna. También podríamos dedicar unos días al arte. Tenemos unos museos fantásticos, como el Museo del Prado, el Thyssen, el Reina Sofía...
Ana: A mí no me gustan demasiado los museos. Prefiero andar por la ciudad.
Verónica: Perfecto, haremos lo que a ti te apetezca, para eso eres mi invitada.
Ana: Bueno, muchas gracias. Tenemos que ir al cine a ver una película española, quiero conocer lo que son las tapas... ¡Ah! ¿Y *sabés* lo que me vuelve loca? Me encantan los parques de atracciones.
Verónica: ¡No me digas! Pues muy cerca de Madrid está el Parque Warner, dedicado a los personajes de los dibujos de Warner Bros.
Ana: ¡Qué lindo! Me encanta la idea.
Verónica: Bueno, voy a informarme un poco más en Internet y te digo.
Ana: Muy bien. Muchas gracias, Vero.

5 **Clasifica las actividades que se mencionan en la conversación según tus preferencias. Después, coméntalas con tu compañero/a. ¿Coincidís en muchas?**

Me encanta	No me gusta demasiado	No me gusta nada

6 **Escribe un diálogo similar siguiendo las instrucciones. Después, represéntalo con tu compañero/a.**

1	2	3	4	5	6
Llamas a tu amigo/a para hablar de las vacaciones que vais a tomar juntos.	Tu amigo/a te pregunta qué planes tiene para el destino elegido.	Planteas ideas para hacer en función de tus gustos.	Tu amigo/a expresa sus gustos ante tus propuestas. Sugiere algo que te guste también a ti.	Opinas sobre las propuestas de tu amigo/a.	Tu amigo/a pregunta si tienes experiencias similares.

Actividades interactivas

Hablar por hablar

COMUNICACIÓN

PREGUNTAR POR LA EXISTENCIA DE ALGO O DE ALGUIEN

- Para **preguntar por la existencia** o no de algo o de alguien se usa el subjuntivo:
  - *¿**Hay alguna** casa **que** **esté** cerca del mar?*
  - *¿**Conoces algún** barrio **donde** **haya** un parque grande?*
  - *¿**Sabes si hay alguien** en el grupo **que** **sepa** escalar?*
- Para **negar la existencia** o **afirmar** que es poca, también se usa el subjuntivo:
  - ***No hay** (**casi**) **nadie** en clase **que** **sepa** cocinar.*
  - ***No conozco a** (**casi**) **nadie que** **tenga** más de cinco hermanos.*
  - ***Hay pocas** personas **que** **viajen** con frecuencia a Australia.*
  - ***Conozco a pocos** hombres **que** **prefieran** las películas románticas.*

> **!** En el *Apéndice gramatical* tienes más información sobre los indefinidos.
> - ***algún/ningún*** (+ nombre masc. sing.)
> - ***alguno(s)/ninguno(s)***
> - ***alguna(s)/ninguna(s)*** (+ nombre)
> - ***alguien/nadie*** (personas)

1 **Observa las imágenes y pregunta a tu compañero/a utilizando las estructuras aprendidas.**

– *¿Conoces algún restaurante donde sirvan auténtica comida mexicana?*

2 **¿Conocéis Centroamérica? Cada uno de vosotros tiene una ficha que completar sobre cuatro países de esta zona. También vais a recibir una ficha con información sobre dos de los países. Si no sabéis las respuestas, preguntad a vuestro compañero/a usando las estructuras que acabáis de estudiar.**

▶ *¿Conoces algún país que limite al norte y al oeste con México?*
▷ *Sí, es Guatemala.*

		El país es...			
		Costa Rica	Guatemala	Nicaragua	Panamá
Estudiante 1	a Su capital está diseñada como un tablero de ajedrez.	☐	☐	☐	☐
	b La moneda oficial es el córdoba.	☐	☐	☐	☐
	c Hay un lago de agua dulce donde viven tiburones.	☐	☐	☐	☐
	d Ahí llaman al autobús "el bicho".	☐	☐	☐	☐
Estudiante 2	a Limita al norte con Nicaragua y al sudeste con Panamá.	☐	☐	☐	☐
	b No hay ejército.	☐	☐	☐	☐
	c La lengua oficial es el español, aunque el inglés es muy usado.	☐	☐	☐	☐
	d Algunos de sus platos típicos son: pepián, chuchitos y tapados.	☐	☐	☐	☐
Estudiante 3	a El tamborito es un baile típico de ese país; se baila tocando palmas y tambores.	☐	☐	☐	☐
	b Hay más variedades de mariposas que en toda África.	☐	☐	☐	☐
	c El nombre de este país significa "abundancia de peces".	☐	☐	☐	☐
	d Este país es un istmo, una banda de tierra entre dos océanos.	☐	☐	☐	☐
Estudiante 4	a Es el país más grande de Centroamérica.	☐	☐	☐	☐
	b En este país se encuentran muchas especies de orquídeas.	☐	☐	☐	☐
	c Ahí se encuentran los volcanes más altos y activos.	☐	☐	☐	☐
	d Su capital está dominada por tres volcanes: el Fuego, el Agua y el Pacaya.	☐	☐	☐	☐

El Corcovado, Costa Rica.

Playa en el Lago Nicaragua.

Paseando por la Ciudad de Panamá.

Ruinas mayas en Guatemala.

3 **Completa las frases con información que desconoces. Compártela en grupos pequeños. ¿Hay alguien en tu grupo que lo sepa?**

No conozco a nadie que tenga más de cinco hermanos.

Yo sí, mis vecinos tienen siete hijos.

a No conozco ningún restaurante que...

b No hay nadie que...

c Hay pocas personas que...

d No conozco ninguna playa donde...

Cuaderno de ejercicios p. 21

Hablar por hablar COMUNICACIÓN

EXPRESAR GUSTOS Y AVERSIONES

- Para **expresar gustos** se pueden usar verbos como *encantar* o *gustar*:
  - El verbo ***encantar*** expresa un grado máximo de satisfacción y, por este motivo, no lleva nunca marcadores de intensidad.
  - El verbo ***gustar*** suele ir acompañado de adverbios de cantidad que matizan el grado de intensidad de la experiencia:

    +++ **me gusta mucho / muchísimo**
    ++ **me gusta bastante**
    + **no me gusta mucho / demasiado**
    – **no me gusta nada**

> ! *Me encanta* equivale a *me gusta muchísimo*.

- Para **expresar aversiones**, además de las formas negativas del verbo *gustar*, se usa ***me molesta***, ***me fastidia***..., que pueden ir acompañados de marcadores de intensidad (***mucho***, ***muchísimo***, ***bastante***), o el verbo ***odiar***, que expresa el grado máximo de aversión y que no suele llevar marcadores de intensidad.
  – *Odio llevar corbata.*
  – *No me gusta nada la ropa clásica.*
  – *Me molesta llevar vaqueros en verano.*
  – *Me fastidian los zapatos de tacón.*

- Cuando **se expresan gustos o aversiones sobre acciones**, las oraciones se construyen con **infinitivo** (si la persona que experimenta las acciones de los dos verbos es la misma) o con **subjuntivo** (si se trata de personas diferentes).
  – (A mí) *Me encanta* (yo) *viajar.*
  – (A mí) *No me gusta que* (mis padres) *viajen sin mí.*

4 **Observa las siguientes imágenes y escribe lo que crees que están pensando. Comparte tus ideas con tus compañeros. ¿Cuál ha sido la idea más original?**

5 **Comenta con tus compañeros las actividades que te gustan más, pero señala también algún aspecto negativo que te moleste. Y de las actividades que no te gustan debes decir algo positivo. ¿Coincidís en algunas?**

- *Me encanta ir de compras, pero me fastidia comprar cuando hay mucha gente.*
- *No me gusta ir a la playa porque odio tomar el sol, pero me gusta mucho pasear por la playa por la mañana cuando no hay mucha gente.*

Cuaderno de ejercicios p. 21 · Actividades interactivas

Sesión de cine VÍDEO

Título: **Sus ojos se cerraron y el mundo sigue andando.**

Año: 1996.

País: Argentina y España.

Género: Drama.

Director: Jaime Chávarri.

Intérpretes: Dario Grandinetti, Aitana Sanchez-Gijón, Juan Echanove Labanda, Ulises Dumont, Raúl Brambilla, Carlos Carella, Ramón Rivero, Pepe Soriano, María Fernández y Chela Ruiz.

Secuencia: 00:09:49 – 00:13:50

SINOPSIS

La película tiene lugar en Buenos Aires, en los años 30. Juanita es una joven y bella modista española que admira al famoso cantante de tangos, Carlos Gardel, con obsesiva pasión. Un día conoce a Renzo, un fracasado cantante, de quien se enamora por el simple hecho de tener un gran parecido físico con su ídolo. Por este amor es capaz de abandonar a su antiguo novio e intentar convertir por todos los medios al joven Renzo en una copia perfecta de Gardel. Su fijación conducirá a su amado a un trágico desenlace de las mismas dimensiones que las del propio Carlos Gardel.

1 **En la escena que vas a ver, Renzo enamora a Juanita, que asiste junto a sus amigas a una de sus actuaciones en el café La Pergola. Con esta información, imagina qué sentimientos tienen cada uno de estos personajes.**

a ☐

b ☐

c ☐

d ☐

2 **Ve la secuencia de la película y haz las actividades que te va a repartir tu profesor/a.**

Secuencia de película   Actividades interactivas

Palabra por palabra VOCABULARIO

Estar a la moda

1 **Lee el texto y explica a tu compañero/a las palabras destacadas en color.**

MODA

CADA AÑO LA FERIA EXPO-MODA, EN LA CIUDAD DE GUADALAJARA (MÉXICO), SIRVE DE PUNTO DE ENCUENTRO PARA QUE EL PÚBLICO VEA EN LOS DESFILES LAS NUEVAS CREACIONES DE LOS DISEÑADORES MÁS PRESTIGIOSOS DEL PAÍS.

En esta edición, cuatro nuevos talentos buscan con esfuerzo que sus nombres sean más relevantes, que aparezcan en las **etiquetas** de las **prendas** favoritas de los consumidores. El mercado de la moda en México no es fácil, pero Viviana Parra, Macario Jiménez, Héctor Mijangos y Cynthia Gómez logran cada día competir con las grandes firmas.

» "Si alguien lleva una **marca** que le gusta, con la que se identifica, la gente suele ser fiel y no cambiar a otra", comenta Viviana, "por eso es muy complicado introducir nuevos diseños con nombres poco conocidos, aunque no imposible", añade.

Día Siete sirve para dar un **adelanto** de sus creaciones de cara a la nueva **temporada**.

¿QUÉ LE GUSTARÍA VER EN LOS ESCAPARATES?

Propuesta de Cynthia Gómez. Mucho colorido, telas **estampadas**, **desteñidas** y formas geométricas. Para moda masculina, guayaberas, y para mujeres, espaldas descubiertas.

Propuesta de Macario Jiménez. Para mujeres, vestidos con **escotes** discretos. Para hombres, prendas cómodas y elegantes.

Propuesta de Viviana Parra. Vestidos muy glamorosos, prendas duales, es decir, que sirvan tanto para vestir de día, como de noche.

Propuesta de Héctor Mijangos. Ropa unisex, funcional, práctica, duradera, cómoda y fácil de combinar.

(Extraído de la revista Día Siete*)*

2 **Encuentra en el texto anterior la palabra para cada una de estas definiciones.**

a Nombre comercial que se pone a un producto.
b Espacio de tiempo que en moda coincide con la estación.
c Profesionales que se dedican a la creación de nuevos estilos.
d Eventos donde los modelos muestran al público las novedades.
e Los distintos componentes que forman parte de la vestimenta.
f Nombre que se coloca en la ropa para identificar al fabricante.
g Tela diseñada con dibujos o formas variadas.
h Parte de un vestido que deja el pecho al descubierto.
i Que ha perdido la fuerza de su color original.
j Cuando se presenta algo con antelación a lo previsto.
k Las cristaleras en las que se muestra la ropa que se vende en la tienda.

Vacaciones alternativas

3 **Observa las opiniones de estas personas y complétalas con las nuevas palabras. ¿Con quién estás más de acuerdo? ¿Por qué?**

desplazamiento ▪ ahorrar ▪ destino ▪ alojamiento ▪ gastos

Jimena, 46 años

Cuando viajo busco estar cómoda, sentirme como en casa. Por eso el **a** .... es muy importante para mí, por encima de todo lo demás.

Bruno, 25 años

Lo principal es el **b** .... Tengo que estar convencido de que es el lugar que quiero visitar. Al resto de cosas, me puedo adaptar.

Nicolás, 52 años

No me gustan todos los medios de transporte, así que el **c** .... para mí es muy importante cuando viajo. Me encanta viajar en tren porque el avión me da pánico.

Rosa, 31 años

Yo prefiero **d** .... dinero en hoteles y siempre viajo de intercambio. Así puedo tener más **e** .... en compras o en comida.

Cuaderno de ejercicios p. 22

4 **Tatiana se ha registrado en *vacacionesalternativas.com* porque quiere unas vacaciones diferentes y ha encontrado dos anuncios. Elige la oferta que te parezca más apropiada para ella y coméntala con tu compañero/a. Justificad vuestra respuesta.**

 # Tatiana

16 de septiembre

Busco un lugar en Argentina donde pueda relajarme y desconectar de las prisas de la gran ciudad. Quiero una casa que esté cerca de la naturaleza para hacer actividades de senderismo. Ideal cerca del agua. La casa no tiene que ser muy grande, solo vamos dos personas, pero es imprescindible que tenga conexión a Internet, ya que estoy preparando mi tesis.

Responder · Comentar · Contactar 16 de septiembre, 10:38

ARGENTINA

Casa rural en Río Negro, Bariloche, Argentina

Alojamiento para 5 personas. No se puede fumar.
3 dormitorios.
2 baños completos. Wifi.

Se admiten **mascotas**.

Por qué nos encanta nuestra casa

- Está situada al lado de un lago.
- En **plena** naturaleza.
- Ideal para aquellos visitantes que necesiten relajarse y disfrutar de la tranquilidad.

Casa rural en la península de San Pedro, a 25 km de la ciudad de San Carlos de Bariloche.

Tiene dos plantas. En la planta baja hay un salón con chimenea, una cocina y un baño. En la segunda hay tres dormitorios y un baño. Excelentes vistas panorámicas de la **sierra**, lago y bosques. Se pueden hacer muchas actividades guiadas, ya que se organizan durante todo el año **jornadas** de senderismo, pesca, montañismo, *rafting*, etc. Si estás **estresado** y necesitas un lugar tranquilo, esta es tu casa.

Me gusta · Reservar

Vacaciones alternativas.com

ARGENTINA

Casa de campo en Misiones, Puerto Iguazú, Argentina

Alojamiento para 4 personas.
No se puede fumar. Dos dormitorios.
1 baño completo y un aseo.

Se admiten mascotas.

Por qué nos encanta nuestra casa

– Está muy cerca de las cataratas de Iguazú.
– Zona rural, tranquila y relajada.
– **Amplio** jardín con piscina. Zona **pintoresca**.

Nuestra casa tiene una planta.

Tiene todas las **comodidades**: televisión, conexión a Internet, lavadora... La cocina da al jardín. Aunque es pequeña, es muy **luminosa** y **acogedora**. Hay un baño con bañera de hidromasaje y dos habitaciones amuebladas. A pocos kilómetros de las Cataratas de Iguazú, en una zona ideal para todo tipo de excursiones. La casa dispone de una piscina privada donde los **huéspedes** pueden refrescarse y relajarse al final del día. En otras palabras, nuestra casa es ideal para aquellos que quieran conocer Argentina en plena naturaleza, sin sufrir los **agobios** de una gran ciudad.

Me gusta · Reservar

5 **Ahora es tu turno. Ofrece tu casa en la red siguiendo el modelo de los anuncios anteriores. Ten en cuenta los aspectos positivos y a qué tipo de turistas puede interesar.**

Casa en ....

....
....
....

Por qué nos encanta nuestra casa

– ....
– ....
– ....

....
....
....
....

Me gusta · Reservar

Cuaderno de ejercicios p. 23 Actividades interactivas

Paso a paso GRAMÁTICA

LAS ORACIONES DE RELATIVO

- Las oraciones de relativo aportan información sobre un objeto o persona de la que se está hablando. Esa persona o ese objeto es sustituido por el pronombre relativo *que* (para personas o cosas) o *donde* (para lugares).

• Nombre + ***que*** / ***donde*** + indicativo – *Ana es* ***una chica que estudia*** *conmigo en la universidad.* – *Este es* ***el restaurante donde comemos*** *todos los domingos.*	• Nombre + ***que*** / ***donde*** + subjuntivo – *Busco* ***una chica que hable*** *ruso para poder practicar.* – *Quiero ir a* ***un restaurante donde pueda*** *comer una buena paella.*

- Las oraciones de relativo sirven para identificar o describir algo o a alguien. Ese algo o alguien se llama ***antecedente***.
  - Si el antecedente es conocido por el hablante, el verbo va en **indicativo**.
  - Si el antecedente es desconocido por el hablante, el verbo va en **subjuntivo**.

Videogramas

1 **Completa estas frases con *que* o *donde*. ¿Sabes a qué lugares se refieren?**

a Es un país .... está en Sudamérica, ... la gente come asado de carne y bebe mate, y .... está entre Brasil y Argentina.

b Es una ciudad .... está en España, ... la gente habla también otra lengua, y .... es conocida por la paella. También hay una fiesta muy famosa .... se llama Fallas.

2 **Alberto dirige una agencia de modelos y ha recibido este correo de Carlos. Carlos es coordinador de los desfiles de Expo-Moda y está preocupado porque necesita urgentemente una serie de modelos en su desfile. Lee los textos e indica los adjetivos que corresponden solo a los modelos que quiere Carlos, y en el otro, los que definen a los modelos que ha encontrado Alberto.**

Mensaje nuevo

De: carlos@expomoda.mx.org **Para:** alberto@supermodelos.com

Asunto: Nos faltan modelos

Alberto:

Te necesito. Nos faltan dos modelos para el desfile. Te doy los detalles:

Necesito un chico que no **sea** demasiado joven, de unos 29-30 años, moreno, con aspecto latino, atlético y que **tenga** el pelo no muy corto y rizado. Necesito alguien que **sepa** bailar capoeira. Es para el desfile de la nueva colección de Cynthia Gómez. Ya sabes que es muy exigente y perfeccionista. Quizá está disponible el chico que **desfila** todos los años con el lunar en la cara.

Si puedes, consígueme también una modelo que no **esté** muy delgada, que **sea** rubia y que **tenga** cara angelical. ¡Ah! Y con los ojos verdes. No hace falta que **sea** alta, pero que le **gusten** los helados.

Tendrá que comer varios durante el desfile.

Ya sabes, la ropa de Héctor Mijangos **es** la más fresca.

Espero tu respuesta.

Abrazos.

Mensaje nuevo

De: alberto@supermodelos.com
Para: carlos@expomoda.mx.org
Asunto: RE: Nos faltan modelos

Carlos:

Me pides imposibles, siempre en el último minuto. A ver, tengo dos modelos disponibles. Uno es Paul, que **es** un chico muy simpático, moreno, mide 1,78 y está bastante fuerte, pero no baila capoeira. También tengo a Guiseppe que **tiene** los ojos azules, es moreno, atlético, baila capoeira y mide 1,95. En cuanto a la chica, tengo a Alicia que **tiene** los ojos grandes, pero son azules. No tengo a nadie en estos momentos que **tenga** los ojos verdes.

Alicia está disponible y no tiene problema en comer helados durante el desfile, aunque solo le gustan los helados que no **llevan** azúcar y de sabor a fresa.

Ya sabes que algunos modelos **son** muy caprichosos.

Espero tus noticias.

Saludos.

Las características de...

...los modelos que necesita Carlos	...los modelos que ha encontrado Alberto

3 **Vuelve a leer los correos entre Carlos y Alberto y subraya las oraciones de relativo que encuentres. En estas oraciones, el verbo que acompaña está unas veces en indicativo y otras en subjuntivo. ¿Por qué? Clasifica las frases en su columna correspondiente y reflexiona. Coméntalo con tu compañero/a.**

indicativo	subjuntivo

Cuaderno de ejercicios p. 24

Paso a paso GRAMÁTICA

PRONOMBRES Y ADJETIVOS INDEFINIDOS

Se refieren a personas o cosas que son desconocidas o con una identidad imprecisa. Los indefinidos pueden funcionar como pronombres o como adjetivos y tienen sus correspondientes formas afirmativas y negativas.

- **Adjetivos**
  - Concuerdan con el sustantivo al que acompañan.

	Expresan existencia	Expresan inexistencia
Singular	algún / alguna	ningún / ninguna
Plural	algunos / algunas	ningunos / ningunas

– *Tengo **algunos** libros que te gustan.*

– *No hay **ningún** chico de Francia.*

- **Pronombres**
  - Algunos indefinidos tienen la función de pronombres y son invariables.

	Expresan existencia		Expresan inexistencia	
Personas	alguien	alguno	nadie	ninguno / ninguna
Cosas	algo		nada	

*¿**Alguien** ha visto la película?*
*No, **nadie**.*

*¿Quieres **algo** de comer?*
*No quiero **nada**, gracias.*

4 **En parejas, explicad por turnos las diferencias entre estas frases.**

a No hay nadie en la habitación.
No hay nada en la habitación.

b Algo se mueve en la ventana.
Alguien se mueve en la ventana.

c Algún restaurante de la ciudad sirve comida colombiana.
Ningún restaurante de la ciudad sirve comida colombiana.

d Alguna tienda vende ropa de marca japonesa.
Ninguna tienda vende ropa de marca japonesa.

5 **Completa las siguientes frases. Después, intercambiad vuestras ideas y preguntas en grupos pequeños. ¿Quién ha tenido las experiencias más extrañas? ¿Y las más graciosas?**

– *No hay ninguna mascota que sea más cariñosa que mi tarántula.*

"Nunca he visto a nadie..."

"Conozco a alguien que..."

"¿Hay algún lugar en el mundo que...?"

"¿Hay alguna comida que...?"

"¿Conoces a alguien que...?"

"No hay nadie que..."

"¿Hay alguien que...?"

Cuaderno de ejercicios p. 25

VERBOS DE SENTIMIENTO

Cuando queremos expresar emociones que experimentamos, utilizamos el subjuntivo o el infinitivo según las siguientes normas.

- Cuando el sujeto de la oración principal y el de la subordinada es el mismo, se usa el infinitivo:

Me irrita/molesta/fastidia/alegra/hace feliz/sorprende...
Me da vergüenza/miedo/envidia/pena...
No soporto / Odio
Es una pena/intolerable
Estoy triste/cansado(a)/aburrido(a)/contento(a) + de...
+ infinitivo / nombre

– Me molesta el ruido de esta calle.
– Me da vergüenza hablar en público.
– Estoy cansado de estudiar tanto.

- Cuando el sujeto es diferente, el verbo va en subjuntivo:

Me irrita/molesta/fastidia/alegra/hace feliz/sorprende...
Me da vergüenza/miedo/envidia/pena...
No soporto / Odio
Es una pena/intolerable
Estoy triste/cansado(a)/aburrido(a)/contento(a) + de...
+ ***que*** + subjuntivo

– Me molesta que haya que viajar con tanto equipaje.
– Me da vergüenza que la gente me mire cuando hablo en público.
– Estoy cansado de que tengamos que estudiar tanto.

Videogramas

Me molesta tener que viajar con mucho equipaje.

6 **¿Qué sentimientos expresan las personas de estas fotos? Coméntalo con tu compañero/a.**

a

b

c

d

e

Paso a paso

GRAMÁTICA

7 **Completa las frases siguiendo el modelo.**

– *No soporto que el hotel me asigne una habitación con vistas al aparcamiento.*

- a Me hace feliz que... ....
- b Me irrita que... ....
- c Me da envidia que... ....
- d Me da pena que... ....
- e Me da vergüenza que... ....

15 **8** **En el programa de radio *¿Cómo se siente?*, un reportero salió a la calle para hablar con la gente. Escucha los diálogos y completa cómo se siente cada una de las personas entrevistadas.**

- Diálogo 1 ☐
- Diálogo 2 ☐
- Diálogo 3 ☐
- Diálogo 4 ☐
- Diálogo 5 ☐

- a No le gusta ir al dentista.
- b Le hace feliz tener buena salud.
- c Le da vergüenza ser impuntual.
- d Le da pena que la gente cercana no tenga trabajo.
- e Le fastidia que su hermano no le deje el coche.

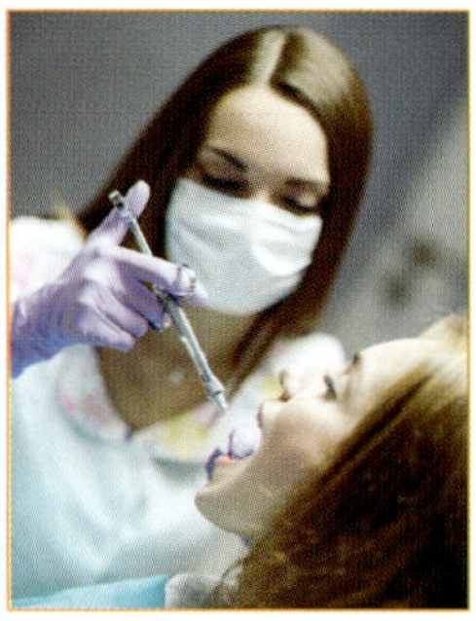

9 **Mira la siguiente lista y marca qué es lo que más odias, te molesta, te fastidia o te irrita. Después de completarlo, habla con tu compañero/a y compartid vuestras respuestas. ¿Coincidís?**

- a .... que toquen mis cosas.
- b .... que la gente esté mirando el móvil mientras hablo.
- c .... que la gente diga mentiras.
- d .... que la gente coma palomitas en el cine.
- e .... que la gente no respete las colas.
- f .... que me interrumpan cuando hablo.
- g .... que la gente llegue tarde.
- h .... que no funcione Internet cuando más lo necesito.
- i .... que haya demasiados anuncios en la tele.
- j .... que haga mal tiempo el día que tengo planeado salir fuera.

Cuaderno de ejercicios p. 26 · Actividades interactivas

Suena bien — PRONUNCIACIÓN Y ORTOGRAFÍA

Acentuación (3): la tilde diacrítica

1 Fíjate en las siguientes oraciones detenidamente. Presta atención a las palabras que están en negrita. ¿Qué diferencia encuentras entre ellas?

a **El** conductor paró de un frenazo el autobús.
Me lo dijo **él**.

b **Si** llueve, no iremos al zoo.
Me respondió que **sí**.

LA TILDE DIACRÍTICA

- La tilde diacrítica sirve para diferenciar dos palabras que se escriben igual pero que tienen diferente significado.

– *¿**Aún** no estás listo?* (adverbio = *todavía*)

– ***Aun** así te espero.* (conjunción = *incluso*)

2 Observa estos otros ejemplos y escribe en cada caso su función gramatical: adjetivo, pronombre, nombre, preposición, conjunción o verbo.

a ¿Dónde has puesto **tu** abrigo? → ....
Tú siempre dices la verdad. → ....

b Te invito a cenar a **mi** casa. → ....
¿Tienes algo para **mí**? → ....

c **Te** he comprado un par de zapatos. → ....
Voy a pedirme una taza de **té**. → ....

d Compré una chaqueta **de** cuero. → ....
Dice que le **dé** 1000 euros. → ....

e **Sé** que tienes razón. → ....
Luis **se** afeita por las mañanas. → ....

f Quiso convencerlo, **mas** fue imposible. → ....
Habla un poco **más** alto. → ....

16 **3 Escucha y escribe el dictado.**

Cuaderno de ejercicios p. 27

Actividades interactivas

Mundo hispano

Cultura

MÚSICA Y MODA

Mónica Molina

1 **Observa la imagen y elige la respuesta correcta.**

a ▢ Es una cantante y actriz española nacida en una familia de grandes artistas.

b ▢ Es una modelo de alta costura nacida en una familia de actores españoles.

17 **2** **Escucha la biografía de Mónica Molina y marca la respuesta adecuada. ¿Verdadero o falso?**

a Ⓥ Ⓕ Mónica habla en sus canciones del océano Atlántico.

b Ⓥ Ⓕ Su familia está formada por grandes artistas españoles.

c Ⓥ Ⓕ Fue modelo antes que cantante.

d Ⓥ Ⓕ En su disco *Vuela* recuerda las canciones de su padre.

18 **3** **En esta personal entrevista, Mónica Molina habla sobre sus gustos en la moda. Escucha la entrevista y responde. Trabaja con tu compañero/a.**

a ¿Influye su trabajo en su forma de vestir?

b ¿Cómo definiría su estilo?

c ¿Le interesa la moda?

d ¿Se le da demasiada importancia a la moda?

La moda española

La moda española está en auge y ello es gracias a las marcas y diseñadores que han contribuido en las últimas décadas a hacer de España un nombre de referencia en este campo.

Desde los grandes diseñadores como Balenciaga a las firmas de renombre mundial como Zara, existe un amplio abanico de empresas y modistos que han conseguido el reconocimiento internacional.

Inditex es uno de los grandes distribuidores de moda a nivel mundial y Zara es su gran firma. Pull and Bear, Massimo Dutti, Oysho, Bershka o Stradivarius son otras de las grandes marcas pertenecientes al grupo. Por otro lado también destacan Mango, Loewe, Desigual y el grupo Cortefiel, constituido por las marcas Pedro del Hierro, Springfield y Women's Secret.

La mayoría de sus marcas están dirigidas especialmente al público juvenil y, concretamente, al femenino.

4 **Busca en Internet fotos, vídeos o más información sobre alguna marca de ropa de tu país y preséntalo a tus compañeros.**

MÚSICA

A **Enrique Iglesias** la música le viene de familia. Su padre, Julio Iglesias, cosechó numerosos éxitos primero en España y, después, en Hispanoamérica y en el resto del mundo. De él comentan que lo tuvo muy fácil, pues ya contaba con el apellido. Pero lo cierto es que Enrique Iglesias consiguió mantenerse en el mercado musical a lo largo de los años y sus discos siempre son sinónimo de éxito.

"Bailando" es solo una muestra. Un trabajo que no ha dejado de sonar desde que se publicó y que transmite la frescura y alegría de la música pop latina.

5 **Busca y escucha en Internet la letra de "Bailando". ¿Te atreves a cambiar la letra por una canción que se titule "Comprando"? Utiliza el léxico que has aprendido en esta unidad.**

Cuaderno de ejercicios p. 28 · Actividades interactivas

Érase una vez... LITERATURA

19 **1 ¿Conoces a Antonio Machado? ¿Qué sabes de él? Escucha la conversación entre dos estudiantes de español y completa esta información.**

Antonio Machado

- Antonio Machado es uno de los **a** .... de la literatura española.
- Escribió versos que los españoles se **b** .... de memoria y se **c** ....
- A través de sus poemas luchó por la **d** .... y la **e** ....
- Fue un hombre que amó mucho su **f** ....

2 Aquí tienes más datos sobre la biografía de Machado. Ordénalos cronológicamente. ¿Qué parte de su biografía te llama más la atención?

a ☐ El año de la muerte de su mujer publicó *Campos de Castilla*. En esta obra reflexiona sobre la decadencia de España y la esperanza de un futuro mejor.

b ☐ Tras unos días de enfermedad, murió en Colliure, un pueblo francés cercano a la frontera, en 1939. En el bolsillo de su chaqueta se encontraron sus últimos versos. Su tumba es un símbolo de la causa republicana y un lugar de peregrinación para muchos españoles de izquierdas.

c ☐ Durante la guerra civil española (1936-1939) apoyó al gobierno de la II República, frente a Franco, en varios artículos de prensa. Tuvo que cruzar la frontera de Francia en medio del éxodo de medio millón de exiliados.

d ☐ Consiguió el puesto de profesor de francés en el instituto de Soria en 1907. En esta ciudad conoció a Leonor, con quien se casaría dos años después. Él tenía 34 años y ella solo 15.

e ☐ Viajó con 24 años a París, donde vivía su hermano Manuel, también poeta. Allí conoció a Oscar Wilde, a Pío Baroja y a Rubén Darío, del que fue gran amigo toda su vida.

f 1 Nació en Sevilla, en 1875, en el seno de una familia liberal, pero se trasladó con ocho años a Madrid, donde completó su formación en la célebre Institución Libre de Enseñanza.

g ☐ La muerte de su esposa Leonor a los dos años de casarse, en 1912, hundió al poeta en una gran depresión. Pidió el traslado a Baeza, en Andalucía, y se dedicó a la enseñanza y a los estudios.

h ☐ A su vuelta de Madrid entabló amistad con Juan Ramón Jiménez y, en 1903, publicó *Soledades*, su primer libro de poemas. Son poemas de tono simbolista sobre el paso del tiempo, la pérdida de la juventud, la muerte y los sueños.

3 **Las siguientes palabras aparecen en un poema de Machado. Relaciónalas con su significado.**

1 Huellas.	a Camino muy estrecho.
2 Senda.	b Rastro que deja en el mar un barco.
3 Pisar.	c Poner el pie en algo.
4 Estelas.	d Rastro que queda en la tierra al caminar.

4 **Lee y coloca las palabras de la actividad anterior. Después, escucha y comprueba.**

Campos de Castilla

Caminante, son tus **a** ....
el camino y nada más;
caminante, no hay camino,
se hace camino al andar.

Al andar se hace camino
y al volver la vista atrás
se ve la **b** .... que nunca
se ha de volver a **c** ....

Caminante no hay camino
sino **d** .... en la mar.

(Campos de Castilla, Antonio Machado*)*

5 **Relaciona estas ideas con cada uno de los párrafos anteriores.**

a ☐ Machado intenta decir aquí que nuestra vida es algo que nosotros debemos construir y resolver, pero una vez que ya hicimos algo, no lo podemos cambiar y nos tenemos que atener a las consecuencias, nos guste o no.

b ☐ En estos versos el autor intenta decir que uno puede intentar seguir el camino de otro, pero nunca va a poder copiarlo. Las huellas que deja un barco representan el camino que nunca se ha de poder seguir.

c ☐ Se refiere a que la vida no está escrita, que la vida es un sendero sin recorrer, el cual nosotros debemos caminar, descubrir y crear. Serán nuestras decisiones las que determinen el rumbo que este camino tomará.

6 **Ahora que ya conoces el significado de cada párrafo, ¿cuál de estas reflexiones sobre el poema te parece más lógica?**

a ☐ El camino es nuestra vida y nosotros somos los caminantes que debemos construirla con nuestros pasos.

b ☐ El caminante está cansado y no quiere mirar atrás porque no le gusta lo que ha visto.

7 **¿Cómo crees que será tu viaje/camino en la vida? ¿Qué cosas verás? Crea ahora un poema.**

El camino... ....
....
....
....
....
....
....

Actividades interactivas

Prueba de comprensión de lectura

1 **Lee el siguiente texto y complétalo con los seis fragmentos que faltan. Atención, hay tres fragmentos que no tienes que elegir.**

Revista para jóvenes

La mayoría de las revistas para jóvenes en España van dirigidas al público femenino y 1 ___.

A esta conclusión ha llegado la Unión de Consumidores de Extremadura (UCE) después de realizar 2 ___ que existen en el mercado español.

Estas revistas presentan a una adolescente preocupada únicamente de su imagen, por los chicos y por 3 ___. Ser guapa, comprar las últimas tendencias de ropa y maquillaje, ser popular, estar en el grupo de la gente "guay", conseguir al chico más guapo y producir envidia entre las enemigas 4 ___. Sin duda, esta imagen de la mujer invita al consumismo y al sexismo.

La UCE advierte que este tipo de mensajes puede influir negativamente en las lectoras 5 ___.

Siempre se habla de mujeres guapas que consiguen todo lo que quieren y 6 ___.

(Extraído de *Cómo llegar a ser una superwoman*, UCE)

- a es el objetivo por el que las mujeres deben luchar
- b efectos negativos en las chicas adolescentes
- c esto puede producir ansiedad e inseguridad entre las adolescentes
- d el principal mensaje que se envía es: hay que consumir
- e temas frívolos como la vida de los famosos
- f al estar a la última moda u obtener las miradas de un hombre guapo
- g al ver que no cumplen con el perfil de "supermujer" que se muestra
- h un estudio de ocho de las principales revistas juveniles
- i la mayoría de las revistas impulsan a un consumo sin criterio

Prueba de comprensión auditiva

21 **2** **Escucha una encuesta sobre moda que hicieron a varias personas en la calle y decide a quién pertenecen estas afirmaciones. Atención, hay dos enunciados que no tienes que elegir.**

ENUNCIADOS

A	Lleva todos los días corbata.
B	Gasta poco, pero compra ropa de calidad.
C	Prefiere no ir a comprar solo.
D	Prefiere le guste la ropa antes que la marca.
E	Nunca lleva tonos oscuros.
F	Es la persona que más se gasta en ropa.

Persona	Enunciado
Carmen	
Mónica	
Iñaki	
José Luis	

Cuaderno de ejercicios p. 28   Actividades interactivas

¡Me lo sé!

EVALUACIÓN

1 **Decide si las frases se refieren a alguien o algo que conozco o que todavía no conozco.**

__/6

	Antecedente conocido	Antecedente no conocido
a Marisa es una amiga **que** conozco desde pequeña.	☐	☐
b Quiero un coche **que** tenga mucha potencia.	☐	☐
c Ese chico es el **que** tiene un hermano gemelo.	☐	☐
d Busco un gatito **que** sea blanco y con los ojos azules.	☐	☐
e Quiero una casa **donde** pueda poner una piscina.	☐	☐
f Esta es la casa **que** quiero para vivir.	☐	☐

2 **Completa las frases con el pronombre o adjetivo indefinido correcto.**

__/5

- ninguna
- algunos
- alguien
- algo
- nadie

a ¡Hola! ¿Hay .... en casa?

b Hoy he ido a casa de Juan y no había ....

c .... chicos de mi escuela son muy inteligentes.

d .... de mis amigas tiene mascota.

e Tengo que decirte .... importante.

3 **Relaciona para formar frases con sentido.**

__/6

1 Soy muy tímido. Me da vergüenza...
2 Estoy contento...
3 Es intolerable...
4 No soporto que...
5 Estoy contento de...
6 Estoy cansado de...

a la gente tire papeles en la calle.
b que llegues siempre tarde.
c de poder viajar a Uruguay.
d que podamos viajar a Uruguay.
e que cuidemos tan poco el medioambiente.
f hablar en público.

Ahora soy capaz de...

a ...expresar e intensificar gustos y aversiones. Sí No
b ...expresar sentimientos en indicativo y en subjuntivo. Sí No
c ...hablar de la existencia de algo conocido y no conocido. Sí No
d ...usar vocabulario relacionado con la moda y las vacaciones. Sí No

Sigue practicando con...
SPANISH.ORG
Misión 3

Unidad 4

POR UN FUTURO

Comunicación
- Expresar finalidad o propósito
- Expresar la causa
- Refutar una información

Sesión de cine
- *Habana Blues*

Vocabulario
- Ámbitos profesionales
- El mundo laboral

Gramática
- *Por* y *para*
- Oraciones temporales

Pronunciación y ortografía
- Las letras *g* y *j*

Cultura
- Mujeres trabajadoras y latinas

Literatura
- *Lituma en los Andes*, de Mario Vargas Llosa

En la universidad

¿Qué ves?

1 **Mira atentamente la imagen. ¿Dónde están las personas que aparecen en ella y por qué? Justifica tu respuesta.**

2 **Imagina que eres reportero de un canal de televisión y asistes a una conferencia sobre carreras y perspectivas profesionales. Crea una lista de preguntas que podrías realizar a los asistentes jóvenes universitarios que han asistido.**

Comenzamos con un diálogo

22 **3** **Escucha y lee las siguientes entrevistas a Miguel y a Ana, dos jóvenes asistentes a la conferencia anterior.**

Entrevista 1

Reportera: Buenas tardes, nos encontramos en la salida de una interesante conferencia a la que han asistido numerosas personas. Hay aquí estudiantes que vinieron para conocer cuáles serán las perspectivas cuando se gradúen, y profesionales que vinieron a analizar el panorama laboral. Aquí tenemos a un joven asistente. Soy Marta Lagos, de Canal 13. ¿Podrías hablarnos un poco de ti y de por qué has asistido a esta conferencia?

Miguel: Sí, por supuesto. Me llamo Miguel Carrasco y tengo 25 años. Hace ya tres años que terminé la carrera de Ciencias Químicas. He venido a ver si hay algún curso con el que mejorar mi perfil profesional para conseguir un trabajo cuando salga alguna oferta.

Reportera: ¿Y lo hay?

Miguel: Sí, la verdad es que sí. Yo estudié Químicas por vocación, porque a mí siempre me habían atraído las ciencias. Mi sueño es ser un gran científico y cuando trabaje en un laboratorio poder hacer algún descubrimiento importante. La información de esta conferencia ha sido muy útil, porque me ha convencido de la necesidad de complementar mi formación con cursos especializados y aprender idiomas. He venido a buscar información y la he conseguido.

Reportera: Vaya, pues sí que te vemos contento por haber venido. Muchas gracias y buena suerte.

Miguel: Gracias a ustedes.

Entrevista 2

Reportera: Aquí tenemos a otra joven asistente. Por favor, ¿unas palabras para el Canal 13? ¿Podrías hablarnos un poco de ti y de por qué has asistido a esta conferencia?

Ana: Bueno, me llamo Ana Jiménez y tengo 23 años. Este año he terminado mis estudios de Bellas Artes y por tener más información, quería conocer nuevos cursos para complementar mi formación y tener así mejores perspectivas de trabajo.

Reportera: ¿Y qué te ha parecido la conferencia?

Ana: Pues me ha parecido muy interesante. La verdad es que yo he salido muy contenta, porque nos han explicado, con datos muy claros, qué es lo que pide realmente el mercado laboral en cuanto a formación y qué hacer para estar al día. Cuando organicen otra también vendré, porque aportan muchas ideas nuevas.

Reportera: Muchas gracias, Ana, por darnos tu opinión. Y a ustedes también muchas gracias.

4 **Completa la información del cuadro.**

	Estudios realizados	Motivo por el que asiste	Resultados de su experiencia
Miguel			
Ana			

Actividades interactivas

Hablar por hablar COMUNICACIÓN

EXPRESAR FINALIDAD O PROPÓSITO

■ Para **expresar la finalidad** o el propósito de una acción, se usa:

- ***Para*** + infinitivo, cuando el sujeto de las dos oraciones es el mismo:
  – *(Yo) Hago este curso para (yo) mejorar mi currículum.*
- ***Para que*** + subjuntivo, cuando los sujetos son diferentes:
  – *(Yo) Vengo a la reunión para que el director de Recursos Humanos (él) me oriente sobre el trabajo.*
- ***A fin de (que)***, ***con el fin de (que)*** tienen los mismos usos que la preposición ***para***, pero se utiliza en contextos formales:
  – *La compañía ha solicitado una reunión a fin de/con el fin de hacer reestructuraciones.*
- ***A (que)*** se usa cuando está precedido de un verbo de movimiento (*ir, venir, entrar, salir, subir...*):
  – *Subió a ver al director del Departamento Financiero* (+ infinitivo, cuando el sujeto de las dos oraciones es el mismo).
  – *He venido a que me paguen la nómina de este mes* (+ subjuntivo, cuando los sujetos son diferentes).
- ***Por*** + infinitivo, puede expresar finalidad:
  – *Juan lo hizo por quedar bien con el jefe.*

1 **Lee la siguiente información y construye oraciones que expresen finalidad.**
– *Mi madre ha empezado a ir a la universidad. Quiere encontrar un trabajo mejor.*

a Viví en Bogotá. Quería aprender español. ....
b Están ahorrando. Desean comprarse una casa. ....
c Voy a diferentes conferencias. Tengo muchas ganas de aprender cosas nuevas. ....
....
d La reunión se organizó ayer. El objetivo era elegir al representante de la clase. ....
....

2 **La directora de una empresa está entrevistando a tres personas para un puesto. Selecciona el perfil más adecuado y justifica tu elección usando expresiones de finalidad. Coméntalo en grupos pequeños. ¿Coincidís todos?**

1. Antonio Pereyra

Soy una persona muy dinámica y activa, pero no me gustan mucho los cambios. En algunas ocasiones llego tarde, pero siempre cumplo con mi trabajo.

2. Verónica Molina

En la otra empresa en la que estuve no falté nunca a trabajar. Me encantan los retos. Soy muy productiva y me encanta esta empresa, porque creo que puedo evolucionar. Es la razón por la que estoy muy motivada para trabajar aquí.

3. Luisa Ojeda

Estoy encantada de tener esta entrevista. Creo que puedo estar muy bien en un departamento en el que pueda estar en mi escritorio con mis papeles y si necesita en algún momento alguna información confidencial sobre mis compañeros, no dudaré en contársela.

EXPRESAR LA CAUSA

- Para **expresar la causa o el motivo de una acción**, se usa la preposición ***por***:
  - *– Me acosté tarde por ir al concierto.*
  - *– Se sintió muy feliz por el nacimiento de su hijo.*

3 **Observa las siguientes imágenes. ¿Qué sentimientos te sugieren? Construye frases usando el conector causal *por*. ¿Qué imagen es la que representa mejor cómo te sientes cuando piensas en la carrera que quieres seguir? Coméntalo con tu compañero/a.**

4 **Realiza el siguiente cuestionario a tu compañero/a.**

- ¿Qué crees que vas a estudiar o ser en el futuro? ....
- ¿Por qué elegiste ese ámbito y para qué? ....
- ¿Qué cualidades hay que tener para realizar tu profesión con éxito? ....

....

Cuaderno de ejercicios p. 30

Hablar por hablar

COMUNICACIÓN

REFUTAR UNA INFORMACIÓN

- Cuando queremos negar algo **para dar una opinión nueva o explicar algo** con más detalle, se usa:
    - Hecho o situación + ***no es que*** + subjuntivo, ***sino que*** + indicativo
      ◗ *¿No crees que Sonia es demasiado exigente en su trabajo?*
      D *No. Sonia no es que sea exigente, sino que es perfeccionista.*

- Cuando queremos negar algo **para indicar que la verdadera causa es otra**, se usa:
    - Hecho o situación + ***no porque*** + subjuntivo, ***sino porque*** + indicativo
      ◗ *¿Qué te parece si tomamos un café dentro de unos minutos?*
      D *No, gracias. No porque no quiera, sino porque tengo que trabajar.*

5 **Lee la siguiente conversación entre unos jóvenes que hablan sobre las dificultades de aprender una lengua y complétala con las negaciones y explicaciones lógicas. Trabaja con tu compañero/a y representad la conversación en grupos pequeños. ¿Coincidís en vuestras respuestas?**

Amelia: ¡Madre mía! Acabo de empezar a estudiar inglés y me parece muy difícil.
Antonio: Yo estudié inglés en la escuela y no es que sea difícil, sino que **a** ....
Eduardo: Sí, es verdad. A veces pensamos que es imposible estudiar un idioma pero, en realidad, no es porque **b** ...., sino porque nos estresamos con algunas dificultades.
Amelia: ¿Estudiáis algún otro idioma aparte del inglés?
Antonio: Pues no, la verdad.
Eduardo: ¿No te apetece?
Antonio: No es porque no me apetezca, sino que **c** .... ¿Y qué pensáis que es lo más difícil de aprender un idioma?
Amelia: La gramática, sin duda.
Eduardo: Bueno, depende. Yo creo que la gramática no es que sea difícil, sino que **d** ....
Amelia: Para mí el vocabulario es lo más fácil, tengo muy buena memoria.
Antonio: Bueno, pero eso no es suficiente. No porque **e** .... vas a aprender a usarlas correctamente, también tienes que conocer el contexto en el que se usan, por ejemplo.
Amelia: Bueno, lo que está claro es que cada uno tiene su propia experiencia.

6 **Tu profesor va a repartir unas tarjetas. Tu compañero/a te va a hacer algunas proposiciones. Recházalas, justificándote.**

◗ *¿Por qué no vienes con nosotros a Buenos Aires?*
D *No, gracias. No porque no pueda, sino porque ya estuve el verano pasado.*

Cuaderno de ejercicios p. 30 · Actividades interactivas

Sesión de cine VÍDEO

Título: Habana Blues.

Año: 2005.

País: Cuba y España.

Género: Drama.

Director: Benito Zambrano.

Intérpretes: Alberto Yoel, Roberto San Martín, Tomás Cao, Marta Calvo, Roger Pera y Yailene Sierra.

Premios: Dos Premios Goya (2005) al mejor montaje y mejor banda sonora.

Secuencia: 01:16:37 – 01:20:50

SINOPSIS

Ruy y Tito son dos jóvenes músicos cubanos que luchan diariamente para sobrevivir: graban maquetas para darse a conocer y trabajan en la organización de un primer concierto. A pesar de los innumerables obstáculos, la ilusión y el humor mantienen viva la esperanza de convertirse en estrellas de la música. Un buen día, una pareja de productores españoles, que ha descubierto el talento de Ruy y Tito, les proponen una oferta internacional. De repente, los dos músicos se verán inmersos en un serio dilema. ¿Estarán dispuestos a dejar sus profundas relaciones atrás para abrazar su sueño?

1 **La película *Habana Blues* se desarrolla en Cuba. ¿Qué sabes de este país? ¿Cómo es su gente? ¿Cómo es la economía en este país? Habla con tus compañeros.**

2 **Una productora española ha viajado a Cuba en busca de nuevos talentos y ha ofrecido a los músicos un trabajo que parece no ser muy bueno. Define con tus palabras lo que es un *contrato basura*.**

3 **Ve la secuencia de la película y haz las actividades que te va a repartir tu profesor/a.**

Secuencia de película

Actividades interactivas

Palabra por palabra VOCABULARIO

Ámbitos profesionales

1 **Clasifica las siguientes palabras en la columna que corresponda.**

geografía ▪ guitarrista ▪ cartelera ▪ contaminación ▪ experimento ▪ química ▪ poesía
músico ▪ rodaje ▪ medioambiente ▪ físico ▪ literatura ▪ filósofo ▪ matemáticas ▪ flora
▪ historiador ▪ actor ▪ derecho ▪ lenguas modernas ▪ laboratorio ▪ canción ▪ novela
película ▪ concierto ▪ director de cine ▪ naturaleza

Letras	Música	Cine	Ciencias ambientales	Ciencias en general

2 **Con tu compañero/a, clasificad las palabras anteriores según se refieran a disciplinas o a personas.**

Disciplinas	Personas

3 **¿Qué características deben tener las personas que se dedican a estas profesiones? Podéis buscar información y consultar el diccionario.**

– *Un músico debe conocer todas las técnicas de su instrumento, saber improvisar y tener un buen oído.*

Cuaderno de ejercicios p. 31

El mundo laboral

4 **Todas las palabras que aparecen a continuación tienen relación con el mundo laboral. Relaciónalas con su definición correspondiente.**

1 Entrevista. •
2 Sueldo. •
3 Candidato/a. •
4 Contrato. •
5 Departamento de Recursos Humanos. •
6 Coordinador. •
7 Plantilla. •

• a Preguntas que se hacen a una persona para acceder a un trabajo.
• b Sección de la empresa que se ocupa de la gestión y organización del personal.
• c Persona dentro de una empresa que se ocupa de planificar y organizar determinadas tareas.
• d Conjunto de trabajadores de una empresa.
• e Acuerdo legal que se establece entre empleador y empleado.
• f Cantidad de dinero que recibe regularmente una persona por el trabajo realizado en una empresa.
• g Persona que quiere empezar a trabajar en una empresa.

5 **Sustituye las palabras destacadas en las siguientes frases por sus sinónimos del recuadro.**

un grado ▪ CV ▪ sueldos ▪ compañía ▪ plantilla ▪ horas extras

a .... → Me han llamado para trabajar en una **empresa** de telefonía móvil.
b .... → Si trabajo más tiempo del que está en mi contrato, me pagan **horas adicionales**.
c .... → Antes de enviar la solicitud tengo que actualizar mi **currículum**.
d .... → Para trabajar en ese puesto te exigen **una carrera universitaria** en Comunicación Social.
e .... → En nuestra empresa pagan muy buenos **salarios**.
f .... → La empresa quiere recortar **personal** en algunos departamentos para reducir gastos.

6 **Ahora, agrupa las palabras de las actividades 4 y 5 en la categoría más adecuada. Trabaja con tu compañero/a.**

La búsqueda de trabajo	En la empresa

Palabra por palabra VOCABULARIO

7 **Ordena estos párrafos y decide qué tipo de documento es.**

☐ Agradeciendo de antemano su atención, y en espera de su respuesta, atentamente,

☐ Usted es todo un referente en este campo y, por eso, he decidido solicitar la plaza en este máster que usted dirige. A pesar de que todavía mi experiencia en dirección es muy corta, sé que este máster me puede **aportar** los conocimientos y la técnica necesarios para **iniciar** mi carrera profesional.

☐ Respecto a mis estudios, he obtenido una **calificación** media de notable a lo largo de los cuatro cursos de la carrera. He de **destacar**, entre mis logros, el premio al Mejor Corto Documental que conseguí el pasado año en el concurso de cortos de mi facultad.

☐ Me dirijo a usted con el objeto de **solicitar** una plaza en el Máster Profesional de Dirección Cinematográfica que usted dirige, tras la **finalización** de mis estudios de Cinematografía y Artes Audiovisuales en la Universidad Pontificia de Salamanca, pues deseo **ampliar** mi formación.

☐ Estimado Sr. Don Salustiano Maruenda:

☐ Susanna Riolocci

☐ Mi objetivo con respecto a este máster es **profundizar** en los aspectos artísticos y técnicos de la dirección cinematográfica y **formarme** en la dirección de obras audiovisuales, así como conocer el método y técnica de los procesos de preparación, rodaje y posproducción que llevan a cabo tanto los propios directores como el resto de miembros del equipo de dirección.

☐ Por último, deseo comunicarle que estoy a su entera disposición para una entrevista personal, si usted lo considera oportuno.

- a ☐ Es una carta de reclamación.
- b ☐ Es una carta de motivación.
- c ☐ Es un *curriculum vitae*.
- d ☐ Es una carta de presentación.
- e ☐ Es una carta de agradecimiento.
- f ☐ Es una carta de disculpa.

8 **Busca en el texto anterior la palabra destacada para estos sinónimos.**

- a Acrecentar ➔ ....
- b Ahondar ➔ ....
- c Comenzar ➔ ....
- d Educarme ➔ ....
- e Nota ➔ ....
- f Pedir ➔ ....
- g Proporcionar ➔ ....
- h Recalcar ➔ ....
- i Terminación ➔ ....

23 **9** **Una persona del comité de empresa habla con un trabajador para obtener información. Completa las respuestas. Después, escucha la entrevista y comprueba.**

1 ¿En qué departamento trabajas?

En el de...

a ☐ Currículums.
b ☐ Recursos Humanos.
c ☐ Sueldos.

2 ¿Y qué carrera tienes?

Soy graduado en...

a ☐ Administración de Empresas.
b ☐ Medioambiente.
c ☐ Leyes.

3 ¿Quién es el responsable de tu departamento?

Es el...

a ☐ vigilante de seguridad.
b ☐ director de horas extras.
c ☐ director de Recursos Humanos.

4 ¿Tienes un buen salario?

No voy a hacer comentarios sobre mi...

a ☐ currículum.
b ☐ plantilla.
c ☐ sueldo.

5 ¿Cuántas horas trabajas a la semana?

40 horas y los sábados hago...

a ☐ salario.
b ☐ horas extras.
c ☐ contrato.

6 ¿Cuántos trabajadores son en plantilla?

Quince trabajadores. Bueno, dieciséis si incluimos al..., que cuida la empresa por la noche.

a ☐ vigilante de seguridad.
b ☐ director.
c ☐ secretario.

10 **Representa con tu compañero/a una entrevista de trabajo.**

Cuaderno de ejercicios p. 32

Actividades interactivas

Paso a paso

GRAMÁTICA

POR Y PARA

- Has aprendido que la preposición ***para*** se usa para expresar la finalidad o el propósito de una acción, mientras que ***por*** expresa la causa o el motivo.
  - *Contrataron al candidato por tener un buen expediente.* (causa)
  - *Contrataron al candidato para tener un equipo más joven y dinámico.* (finalidad)

- Para saber cuándo usar ***por*** en vez de ***para***, sustitúyelo por *a causa de*:
  - *Hago ese tipo de trabajo por dinero.* (a causa del dinero)
  - *Trabajo los fines de semana por necesidad.* (a causa de la necesidad)

Por

- **Causa**
  - *Le despidieron del trabajo por su falta de puntualidad.*
  - a ....
- **Localización espacial indeterminada**
  - *Esta tarde daré un paseo por el centro. Voy a mirar escaparates y compraré alguna camiseta.*
  - b ....
- **Tiempo aproximado**
  - *¡Estoy cansado de la gran ciudad! Por unos meses me iré a vivir al campo.*
  - c ....
- **Precio**
  - *Los productos de nuestra empresa son muy accesibles. Por poco dinero puedes comprarlos en las tiendas.*
  - d ....
- **Cambio**
  - *En el aeropuerto puedes cambiar dólares por euros.*
  - e ....
  - f ....
- **Medio**
  - *Puedes ir a Sevilla por tren o por avión.*
  - g ....

Para

- **Finalidad**
  - *¿Para qué carrera te estás preparando?*
  - h ....
- **Destino o destinatario**
  - *Voy para la estación.*
  - i ....
- **Plazo de tiempo**
  - *Quiero el trabajo hecho para mañana.*
  - j ....
- **Opinión**
  - *Para mí, los estudios y el trabajo son lo más importante en la vida.*
  - k ....
- **Capacidad**
  - *Esta sala de conferencias tiene una capacidad para 100 personas.*
  - l ....

Videogramas

1 **Lee los comentarios que escribieron Ana y Miguel en un foro después de asistir a la conferencia y completa las frases con las preposiciones *por* y *para*.**

Bienvenidos

Usuario | Contraseña

 # Toñi Fernández: 1 de noviembre, 23:25

Hola, foreros. Quería preguntar si alguien ha ido a la conferencia sobre perspectivas profesionales que se ha celebrado en el auditorio de la Universidad Literaria de Valencia, **1** .... que nos diga qué tal ha estado...

Me gusta · Comentar

 # Ana Jiménez 2 de noviembre, 09:12

¡Hola, Toñi! Nunca había ido a una conferencia de este tipo, pero la verdad es que me ha dado mucho que pensar. Al principio no me hacía mucha gracia ir porque pensaba que me dirían lo de siempre, pero no, la información que nos han dado es muy útil. También te dan una carpeta **2** .... asistir.

Me gusta · Comentar

 # Miguel Carrasco 2 de noviembre, 09:14

Hola a todos. Yo también asistí y **3** .... mí, todo estaba muy bien organizado. El auditorio tenía una capacidad **4** .... 200 personas. Estaba lleno. Además, había otra sala contigua donde ofrecieron un aperitivo de clausura **5** .... todos los asistentes.

Me gusta · Comentar

 # Toñi Fernández 2 de noviembre, 09:36

¿Y costaba algo?

Me gusta · Comentar

 # Ana Jiménez 2 de noviembre, 10:11

Nada. Bueno, tenías que solicitar plaza **6** .... Internet, pero era gratis. También se podía comprar una papeleta **7** .... 10 euros. Con ella participabas en una rifa de un premio de 100 euros que podías cambiar **8** .... libros escritos por los panelistas de la conferencia. La recaudación iba íntegramente destinada a financiar proyectos de investigación.

Me gusta · Comentar

 # Miguel Carrasco 2 de noviembre, 11:02

También el lugar de la conferencia era muy agradable. En una pausa pudimos dar un paseo **9** .... el campus.

Me gusta · Comentar

 # Toñi Fernández 2 de noviembre, 11:02

Entonces, ¿me recomendáis que asista a la próxima que se organice?

Me gusta · Comentar

 # Ana Jiménez 2 de noviembre, 11:02

Mucho, yo te recomiendo que no te la pierdas. A mí me ayudó muchísimo a tomar decisiones sobre mi futuro profesional. Si no puedes venir ahora, oí comentar que **10** .... el verano les gustaría organizar la conferencia en Granada o Salamanca. Seguro que anunciarán las solicitudes **11** .... finales de marzo.

Me gusta · Comentar

 # Toñi Fernández 2 de noviembre, 11:02

Pues Salamanca y Granada son otra opción interesante; a mí, por ejemplo, me viene mucho mejor ir a Salamanca que a Valencia. Bueno, muchas gracias **12** .... la información.

Me gusta · Comentar

2 **Vuelve a leer el cuadro con la explicación de *por* y *para* y complétalo con los ejemplos de este texto. Trabaja con tu compañero/a.**

Cuaderno de ejercicios p. 32

Paso a paso GRAMÁTICA

3 **Relaciona las dos columnas usando *por* y *para*. Trabaja con tu compañero/a.**

– *Hicieron una nueva carretera que pasará **por** delante de mi casa.*

1 Hicieron una nueva carretera que pasará... c
2 El tren que sale...
3 El profesor quiere el trabajo terminado...
4 Prefiero hablar...
5 Compré el coche...
6 Volveré a visitarte...
7 La falda que me regalaste la cambié...
8 Esta pizza es...
9 ... mí,...

por / para

a Skype porque es gratis.
b 6000 euros. ¡Un chollo!
c delante de mi casa.
d verano, pero todavía no sé la fecha exacta.
e el inglés es la lengua del futuro.
f Cartagena va con retraso.
g ocho personas.
h una talla más grande.
i el próximo lunes.

4 **A continuación tenéis el principio de una historia. En parejas, continuadla utilizando las preposiciones *por* y *para* con el máximo número posible de usos que habéis visto. Después, leed vuestras historias al resto de la clase. ¿Quién ha utilizado mejor las preposiciones *por* y *para*?**

*Juan y Carmen se conocieron una tarde de invierno paseando **por** la playa. Carmen estaba de vacaciones con unos amigos y Juan trabajaba en un café cercano. Él se paró **para** preguntarle...*

ORACIONES TEMPORALES CON *CUANDO*

Cuando puede ir con indicativo o con subjuntivo dependiendo de si la acción ha ocurrido o no. Fíjate:

- Para expresar una acción en el presente o acciones habituales, se usa:
  - ***Cuando*** + **presente**
    – *Cuando envío mi currículum a una empresa, siempre incluyo una carta de presentación.*
- Para expresar una acción en el pasado, se usa:
  - ***Cuando*** + **pretérito imperfecto / pretérito perfecto**
    – *Cuando asistía al curso de edición digital, tomaba muchos apuntes.*
    – *Cuando fui a la conferencia en la universidad, di un paseo por el campus.*
- Para expresar una acción en el futuro, se usa:
  - ***Cuando*** + **presente de subjuntivo** + **futuro imperfecto / imperativo**
    – *Cuando seas jefe de la empresa, tendrás muchas responsabilidades.*
    – *Cuando vuelvas de la conferencia, llámame.*

Videogramas

5 **Rodea la opción correcta.**

a Cuando **termino** / **termine** la universidad, visitaré Cuba.
b Cuando **vienen** / **vengan** mis primos, lo pasamos muy bien.
c Me duele mucho la cabeza cuando **hago** / **haga** aerobic.
d Ella y yo nos conocimos cuando **acabemos** / **acabamos** la carrera.
e Empezó a llover cuando **llegamos** / **lleguemos** al teatro.
f Te llamaré cuando **puedo** / **pueda**.
g Cuando **veo** / **vi** a Javier me pongo nerviosa.

6 **Completa las frases con la forma correcta de los verbos.**

a Mañana, cuando .... (llegar, tú) a México, llámame, por favor.
b Cuando .... (tener) hambre, abro el refrigerador y como cualquier cosa.
c Cuando .... (estudiar) en la universidad, conocí a mi mejor amigo.
d Cuando .... (ir) en el coche, escucho música.
e Cuando .... (ser) un anciano, viviré en el campo.
f Cuando .... (terminar, ellos) la universidad, empezaron a solicitar becas.

7 **Clasifica las oraciones de la actividad anterior según su significado. Después, añade frases originales para cada caso y compártelas con tu compañero/a.**

Acciones habituales	Acciones referidas al pasado	Acciones que todavía no se han producido

8 **Observa las siguientes imágenes y construye frases con *cuando*.**

a

b

c

Cuaderno de ejercicios p. 33

Paso a paso GRAMÁTICA

OTRAS ORACIONES TEMPORALES

Acción simultánea

- ***Mientras*** + acontecimiento + acontecimiento
  – *Mientras esperaba tomé un café.*
- Acontecimiento + ***mientras tanto*** + acontecimiento
  – *Fernando prepara la cena, mientras tanto, yo pongo la mesa.*

Acción que sucede siempre que se realiza otra acción

- ***Siempre*** / ***Cada vez*** / ***Todas las veces que***
  – *Cada vez que me visita, me invita a comer.*

Acción inmediatamente posterior a otra

- ***Nada más*** + infinitivo
  – *Nada más llegar a la oficina, empezó a trabajar.*
- ***En cuanto*** / ***Tan pronto como***
  – *En cuanto recibí la noticia, la llamé por teléfono.*

Comienzo de una acción

- ***Desde que***
  – *Desde que llegó, está muy triste.*

Límite de una acción

- ***Hasta que***
  – *Te esperaré aquí hasta que termines.*

Acción anterior a otra

- ***Antes de***
  – *Antes de abrir la puerta, mira quién llama.*

Acción posterior a otra

- ***Después de***
  – *Después de que termines el examen, nos iremos a la playa.*

Periodo de tiempo que separa dos sucesos

- ***Al*** / ***A los*** / ***Al cabo de*** + cantidad de tiempo
  – *Al año, dejó de estudiar y se puso a trabajar.*
- Cantidad de tiempo + ***después*** / ***más tarde***
  – *Se conocieron en abril y tres meses después se casaron.*

! La mayoría de estas expresiones se construyen con **subjuntivo** si expresan futuro y el sujeto de las dos oraciones es diferente.

! ***Antes de*** y ***después de*** se construyen con infinitivo, si el sujeto de las dos oraciones es el mismo, y con ***que*** + subjuntivo, si el sujeto de las dos oraciones es diferente.

Videogramas

9 **Completa las frases con la forma verbal adecuada según el conector temporal que aparece y el tiempo (presente, pasado o futuro) que indican las oraciones.**

a Tan pronto como .... (llegar, ellos) de la escuela, la abuela les preparaba la merienda.
b Por favor, llámanos siempre que .... (tener, tú) cualquier problema. No te preocupes.
c Antes de .... (salir), tienes que haber terminado los deberes.
d Te esperaré aquí hasta que .... (terminar, tú).
e Haz la comida mientras yo .... (poner) la mesa.
f Nuria llegó a Barcelona en 1995. Al cabo de tres años, ... (volver) a su pueblo.
g Nada más .... (terminar) las vacaciones, tendrán que preparar los exámenes.
h Estuve preocupada desde que Luis .... (irse) y hasta que .... (volver) de su viaje al Himalaya. Es que a mí estas expediciones me parecen peligrosas.

Cuaderno de ejercicios p. 34 Actividades interactivas

Suena bien

PRONUNCIACIÓN Y ORTOGRAFÍA

Las letras *g* y *j*

1 **Escucha con atención las palabras que va a decir tu profesor/a y completa la tabla con ejemplos de las normas ortográficas correspondientes a las grafías *g/j*.**

LA LETRA *G*

- Se escribe con *g*:
  - las palabras que terminan en *–gen*, *–gente*, *–gencia*.
    Ejemplos: ....
  - las palabras con empiezan por *geo–*.
    Ejemplos: ....
  - el grupo *güe*, *güi*.
    Ejemplos: ....

LA LETRA *J*

- Se escribe con *j*:
  - el pretérito indefinido de *decir*, *traer* (y sus derivados).
    Ejemplos: ....
  - el pretérito indefinido de los verbos terminados en *–ducir* (y sus derivados).
    Ejemplos: ....
  - las palabras que terminan en *–aje*, *–eje*, *–jería*, *–jero*, *–jear*.
    Ejemplos: ....

2 **Lee el siguiente texto y complétalo con *g* o *j*.**

El coche fantasma

El **a** ori.......en de esta historia es una noche oscura en la que Isaac, que era **b** ....eólogo, estaba solo en un camino pidiendo que alguien lo llevara. De pronto apareció un vehículo que se detuvo. Isaac **c** di.......o: "Buenas noches" y se **d** introdu.......o en el coche, pero nadie contestó. Sintió un poco de **e** ver.......üenza, pero **f** dedu.......o que el conductor sería tímido y no quiso mirarlo para no molestar. Unos minutos después, miró al asiento del conductor. Se dio cuenta entonces de ¡que no había nadie!

El pobre hombre, con mucho miedo, abrió su puerta, saltó al camino y corrió hasta el próximo pueblo. Entró en un bar a calmar sus nervios y empezó a contar lo que le había ocurrido.

Unos minutos después, entraron dos hombres en el bar muy cansados y escucharon la historia. Uno le dijo al otro:

– Mira, ahí está el **g** persona.......e que se subió al coche mientras nosotros **h** empu.......ábamos.

24 **3** **Escribe las frases del dictado y cópialas en tu cuaderno.**

Cuaderno de ejercicios p. 35 Actividades interactivas

Mundo **hispano**

Cultura

MUJERES TRABAJADORAS Y LATINAS

La mujer latina actual

1 Contesta estas preguntas.

a ¿Qué te sugiere la foto?

b ¿Cuál crees que es la situación de la mujer en los países de habla hispana?

c ¿Conoces a mujeres de tu alrededor que tienen una vida interesante?

d ¿Qué mujeres latinas conoces? ¿Por qué?

2 Lee el siguiente texto sobre el papel de la mujer en Hispanoamérica e intenta resumirlo con tus palabras.

La situación de las mujeres en Hispanoamérica cambió en los últimos años. Muchas más mujeres viven actualmente en grandes metrópolis, como São Paolo, Buenos Aires y México D.F., que en las zonas rurales. En los últimos veinte años, el número de mujeres en la administración política de sus países creció considerablemente, y el número de senadoras, jueces, alcaldesas y presidentas de Estado es sorprendente.

Pero este aumento de la participación laboral de la mujer coexiste con un número creciente de mujeres que viven en condiciones de pobreza, trabajando en la economía informal, como vendedoras ambulantes, lavanderas y sirvientas.

Esta variación, no solo económica sino también sociocultural, hace que no podamos hablar de un solo tipo de mujer hispanoamericana. Una venezolana tendrá problemas para comunicarse con una brasileña, puesto que hablan distintos idiomas, pertenecen a grupos raciales y étnicos diferentes y tienen referencias culturales muy dispares. Una ejecutiva de Buenos Aires tendrá muy poco en común con una campesina de Perú. Por lo tanto, la historia de las mujeres latinas debe hacerse a partir de la plena conciencia de esta herencia y diversidad múltiple.

3 Busca en el texto anterior un sinónimo de estas palabras.

a Colaboración. ➜ ....

b Trabajadoras. ➜ ....

c Evolucionó. ➜ ....

d Incremento. ➜ ....

e Diferentes. ➜ ....

f Ciudades. ➜ ....

25 **4** **¿Cuál crees que fue la vida de estas mujeres luchadoras? Escucha sus vidas y señala qué características pertenecen a cada una.**

1 ☐ Líder indígena de Ecuador.
2 ☐ Inmigrante mexicana en los EE. UU.
3 ☐ Luchó por la defensa de los derechos indígenas.
4 ☐ Fue detenida y encarcelada.
5 ☐ Es un verdadero ejemplo de lucha para su comunidad.
6 ☐ Sus primeros años en el nuevo país se caracterizaron por la soledad y la desesperación.
7 ☐ Fundó escuelas bilingües.
8 ☐ Lucha por encontrar a su nieta, sea como sea.
9 ☐ Al final consiguió la residencia y vive felizmente.
10 ☐ Activista de los derechos humanos en Argentina.
11 ☐ Asesinaron a su hijo y a su nuera.
12 ☐ Trabajó en el servicio doméstico y como maquiladora (en una fábrica textil).

a

María González

b

Yuriana Montúfar

c

Marcia Fabiani

5 **¿Qué tres temas de la historia de Hispanoamérica se relacionan con las vidas de estas tres mujeres? Puedes buscar información en libros o Internet.**

MUJERES LATINAS Y FAMOSAS

MÚSICA

▲ **Thalía Sodi.** Cantante, actriz y empresaria mexicana. Posee una línea de cosméticos, de ropa y publicación propia.

POLÍTICA

▲ **Sonia Sotomayor.** Jueza Asociada en la Corte Suprema de los Estados Unidos, hija de padres puertorriqueños.

CINE

▲ **Jessica Alba.** Actriz de cine y televisión de padre mexicano. Es cofundadora de The Honest Company, una firma de productos sostenibles y naturales.

6 **Elige a uno de los personajes anteriores y busca su biografía en Internet. Preséntala a la clase.**

Cuaderno de ejercicios p. 35   Actividades interactivas

Érase una vez... LITERATURA

1 **Lee la biografía de Mario Vargas Llosa. ¿Qué cosas no conocías de él? ¿Estás de acuerdo con sus palabras iniciales? ¿Cómo las interpretas? En parejas, buscad argumentos a favor y en contra de esta afirmación.**

Mario Vargas Llosa

"La literatura crea una fraternidad dentro de la diversidad humana y eclipsa las fronteras que erigen entre hombres y mujeres la ignorancia, las ideologías, las religiones, los idiomas y la estupidez".

Mario Vargas Llosa nació en Arequipa, Perú, en 1936. Al año siguiente, su familia se trasladó a Cochabamba, Bolivia, donde vivió buena parte de su niñez. Regresó a Perú a los nueve años y continuó sus estudios hasta graduarse en Letras. Posteriormente obtuvo el doctorado en Filosofía y Letras en la Universidad de Madrid.

Se inició en la escritura desde muy temprano. A los dieciséis años escribió *La huida del Inca*, una obra de teatro. A partir de 1951 comenzó su actividad periodística en la prensa y revistas peruanas. En 1959 se trasladó a Europa donde se estableció por varios años en Madrid, Londres, París y Barcelona.

Además de la novela, Vargas Llosa ha cultivado el ensayo y el teatro.

En 1988 fundó el Movimiento Libertad y se postuló a la presidencia del Perú en 1990, pero fue derrotado. En 1990 recibió la nacionalidad española. Desde 1994 es miembro de la Real Academia Española de la Lengua.

La trayectoria intelectual de Vargas Llosa lo ha hecho merecedor de numerosas distinciones otorgadas por prestigiosas instituciones de varios continentes, como el Premio Nobel de Literatura, el Premio Miguel de Cervantes y el Premio Planeta. Entre sus numerosas obras destaca *La fiesta del Chivo*, *Lituma en los Andes*, *La tía Julia y el escribidor* y *La ciudad y los perros*.

2 **Vas a leer un fragmento de su obra *Lituma en los Andes*. Antes de leer, relaciona las siguientes palabras del texto con su sinónimo.**

1 A la intemperie.	a Tela gruesa.
2 Pernoctar.	b Adorno para recoger el pelo.
3 Cuneta.	c Persona que aprende un nuevo oficio.
4 Lona.	d Perfectamente.
5 Pellejo.	e Ruedas.
6 Llantas.	f Piel.
7 Como la palma de su mano.	g Borde del camino.
8 Prendedor.	h Al aire libre.
9 Aprendiz.	i Pasar la noche.

26 **3** **Lee y escucha este fragmento literario del autor.**

Lituma en los Andes

Lo que al muchacho le gustaba más que nada era la vida a la intemperie que llevaban, sin horarios ni rumbos predeterminados, a merced del mal o buen tiempo, de las ferias y fiestas del santo patrono, de los encargos que recibían y de las averías del camioncito, factores que decidían su diario destino, sus itinerarios, las noches que pernoctaban en cada lugar. Don Pericles tenía una casa quinta, estable, sin ruedas, en Pampas, que compartía con una sobrina casada y con hijos. Cuando estaban allí, Casimiro se alojaba en la casa como si fuera de la familia. Pero la mayor parte del tiempo vivía en las cunetas de los caminos por los que pasaban o en el camión, en el que, entre carga y protegido por una gruesa lona, se había construido un refugio con pellejos de vaca. Si había lluvia, se tumbaba a dormir debajo del camión.

El negocio no era gran cosa, por lo menos no para Pericles y Casimiro, pues todas las ganancias se las tragaba el camión al que siempre había que estarle comprando repuestos y haciéndole reencauchar las llantas, pero era suficiente para ir viviendo. En los años que pasó junto a don Pericles, Casimiro llegó a conocer como la palma de su mano todo el centro de los Andes, sus villorrios, sus comunidades, sus ferias, sus abismos y valles y, asimismo, todos los secretos del negocio: dónde comprar el mejor maíz y dónde llevar los hilos y agujas, dónde esperaban las lámparas, y qué cintas, prendedores, collares y pulseras atraían de manera irresistible a las muchachas. Don Pericles lo trató al principio como a un aprendiz, luego como a un hijo, por fin como a un socio. A medida que envejecía y el muchacho se hacía hombre, el peso del trabajo se fue desplazando a él hasta que, con el paso de los años, Casimiro era ya el único que manejaba y el que decidía las compras y las ventas; don Pericles pasó a ser el director técnico de la sociedad.

(Texto adaptado de la novela *Lituma en los Andes*, Mario Vargas Llosa)

4 **¿Cuál de estos cuatro títulos elegirías para el fragmento del texto literario que acabas de leer? ¿Por qué?**

- ☐ El comerciante de la empresa.
- ☐ El vendedor ambulante.
- ☐ El artesano del mercado.
- ☐ El conductor del camión.

5 **Contesta las preguntas.**

a ¿Qué tipo de texto es el que has leído? ....

b ¿Cuál es el tema que se trata? ....

c ¿Qué opinas? ¿Te gustó? ....

d Haz un resumen del texto.

....

....

e Describe a los personajes que aparecen: ¿Cómo eran? ¿Qué cosas les gustaban hacer? ¿En qué trabajaban? ¿Qué relación tenían los dos?

....

....

Actividades interactivas

Prueba de comprensión de lectura

1 **Lee este artículo y responde a las preguntas.**

Las seis carreras con mayor demanda

El sueño financiero de cualquier persona es hacer lo que más le gusta mientras le pagan por ello. Sin lugar a dudas es aconsejable que, a la hora de elegir tu carrera, optes por un área de estudio que te apasione, ya que deberás pasar años estudiando y luego deberás dedicarte a ello el resto de tus días. Pero, además, averigua si esos profesionales son muy demandados. Optar por una carrera acorde con tu perfil y que te apasione es lo primero que debes tener en cuenta. Luego, hablar por lo menos dos idiomas además del materno, tener conocimientos tecnológicos e informáticos y facilidad para adaptarte a los cambios, te hará destacar en el mercado laboral, incluso cuando tengas poca experiencia.

Tener un título universitario no te garantizará tener un puesto en una empresa importante si no eres responsable, buen colega y no amas lo que haces. Por lo general, los empleadores también valoran a los empleados que saben expresar sus ideas, tienen habilidades directivas, capacidad para coordinar equipos y no tienen inconvenientes a la hora de viajar.

(Universia, Red de Universidades de Iberoamérica)

1 Hoy en día la experiencia...
- a es más importante que la formación académica si es específica.
- b es menos importante que la formación académica o técnica.
- c es importante pero una buena formación es imprescindible.

2 Para elegir una carrera...
- a tienes que pensar únicamente en el futuro profesional relacionado.
- b tienes que pensar en tu expediente académico previo.
- c tienes que pensar en tus talentos y en el futuro profesional.

3 Un título universitario...
- a ayuda mucho a conseguir un buen puesto pero no es lo único importante.
- b es garantía de conseguir un buen puesto de responsabilidad rápidamente.
- c por sí solo no es garantía de un buen puesto si no tienes experiencia en un puesto de responsabilidad.

4 Un jefe valora a un trabajador que...
- a tiene buena formación.
- b es capaz de dirigir a un equipo.
- c tiene conocimientos informáticos.

Prueba de comprensión auditiva

27 **2** **Escucha parte de una entrevista sobre el tema de la vocación e indica si las siguientes frases se refieren a Chistian (A), a Carolina (B) o a ninguno de los dos (C).**

a	Dejó los estudios por un problema de salud.	A	B	C
b	Descubrió su vocación después de un viaje.	A	B	C
c	Antes de terminar los estudios encontró trabajo.	A	B	C
d	Nada más empezar a trabajar, tuvo un accidente.	A	B	C
e	Echa de menos su anterior trabajo.	A	B	C

Cuaderno de ejercicios p. 36 Actividades interactivas

1 Escribe en tu cuaderno un ejemplo para cada uno de los diez usos de *por* y *para* que has estudiado.

_/10

2 Reelabora las frases, como en el ejemplo.

_/7

Mientras. Estudiaba en la universidad. Al mismo tiempo trabajaba en una gestoría.
– *Mientras estudiaba en la universidad trabajaba en una gestoría.*

a **Mientras tanto** ➔ Yo hablaba por teléfono. Alberto trabajaba en el ordenador.

....

b **Cada vez** ➔ Tengo frío. Me pongo un abrigo de lana.

....

c **Nada más** ➔ Volvió Lucas. Encontró a los ladrones en la casa.

....

d **En cuanto** ➔ Los ladrones lo vieron. Salieron corriendo.

....

e **Desde que** ➔ Aclararon el problema. Son muy amigos.

....

f **Hasta que** ➔ No saldrás al parque. Harás los deberes.

....

g **Al cabo de** ➔ Se volvieron a encontrar. Esto ocurrió 10 años después.

....

3 Relaciona las expresiones del recuadro con la terminación más apropiada para formar frases con sentido. Después, completa con la forma del verbo adecuada. Trabaja con tu compañero/a.

_/12

1 Estoy cansada,...	3 Salgo solo los fines de semana,...
2 Como poco,...	4 Nunca voy de vacaciones al extranjero,...

a ☐ pero no porque no .... (querer) entre semana, sino porque no .... (tener) tiempo libre.

b ☐ no es que no .... (tener) ganas, que tengo muchas, sino que no .... (tener) dinero suficiente.

c ☐ no es que no me .... (gustar) comer, sino que .... (tener) poco apetito.

d ☐ no porque .... (trabajar) mucho, sino porque .... (estar) enferma.

Ahora soy capaz de...

a	...expresar la causa y la finalidad.	Sí	No
b	...escribir una carta de motivación.	Sí	No
c	...hablar sobre el mundo laboral.	Sí	No
d	...hablar sobre una conferencia.	Sí	No

Sigue practicando con... SPANISH.ORG Misión 4

Actividades interactivas

Unidad 5

CON AYUDA

Comunicación
- Mostrar acuerdo y desacuerdo
- Apoyar y refutar una información

Sesión de cine
- *El viaje de Carol*

Vocabulario
- El voluntariado
- Más vale prevenir

Gramática
- Expresiones impersonales con indicativo y subjuntivo
- Pretérito perfecto de subjuntivo
- Pronombre *se*

Pronunciación y ortografía
- Los sonidos /k/ y /g/
- La tilde diacrítica (2)

Cultura
- La medicina tradicional indígena

Literatura
- *El árbol de la ciencia*, de Pío Baroja

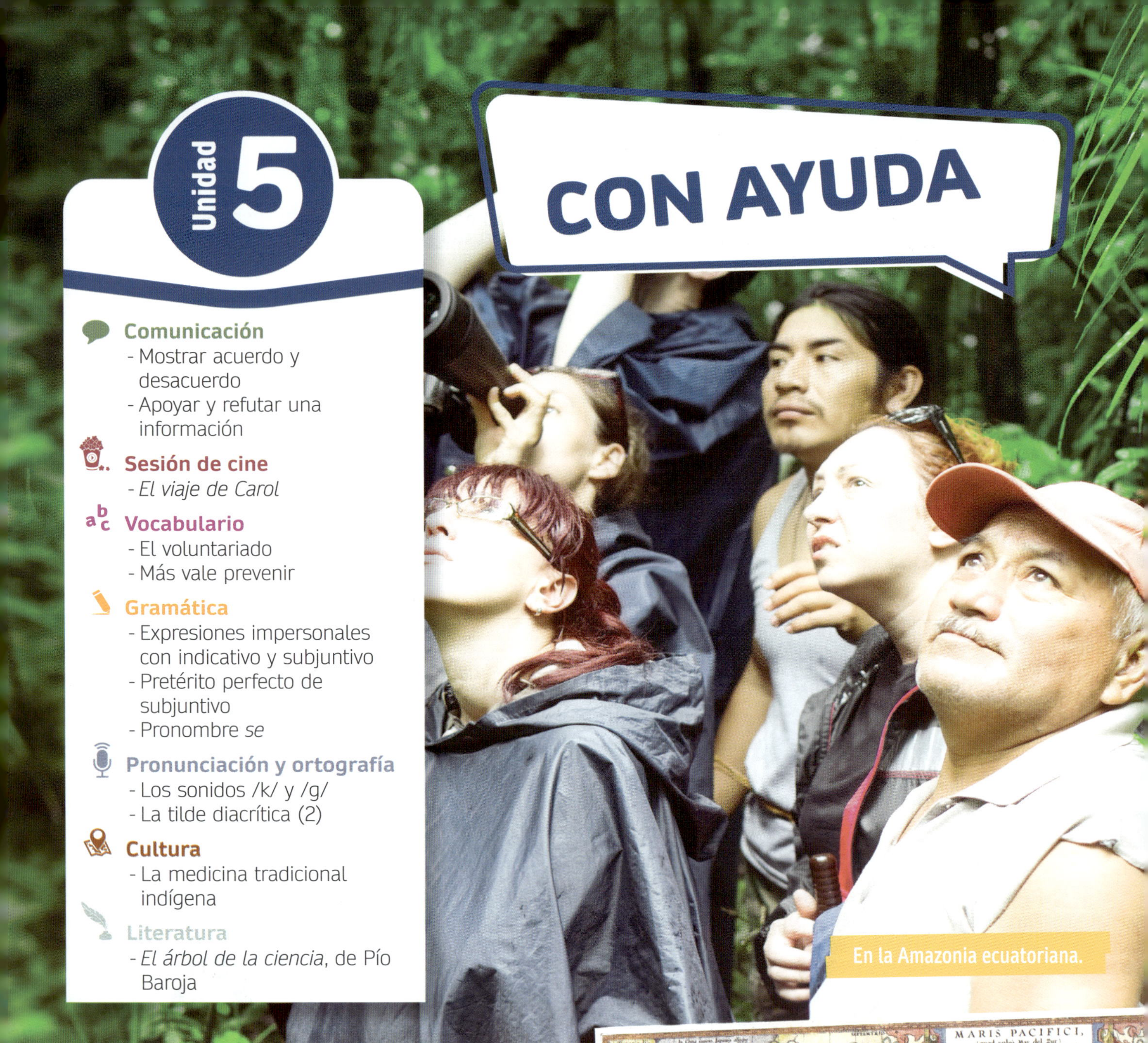

En la Amazonia ecuatoriana.

¿Qué ves?

1 Observa la imagen y contesta las preguntas.

a ¿Dónde están estas personas?
b ¿Qué están haciendo?
c ¿Qué tipo de viaje han hecho estos chicos?
d ¿Has hecho alguna vez en un viaje similar?

2 ¿Qué es la ruta Quetzal? ¿Qué sabes de ella? Si no la conoces, fíjate en estas imágenes y en lo que te sugieren. Habla con un compañero/a.

Ruta Quetzal BBVA

Comenzamos con un diálogo

28 **3 Escucha y lee la conversación. Después, comprueba tus hipótesis anteriores.**

Locutor: Buenas tardes, y bienvenidos de nuevo a nuestro programa. Un día más estamos con ustedes para contarles todos los detalles sobre la actualidad cultural. Y el tema de hoy es un tema apasionante. Les hablaremos de la ruta Quetzal, de su historia y de sus protagonistas. Tengo a mi lado a una de las participantes de la ruta Quetzal de este año, Rosa de la Torre. Rosa, ¿por qué vas participar en este viaje?

Rosa: Hola, buenas tardes. Bueno, como sabéis, el Banco Bilbao Vizcaya Argentaria es el patrocinador de la ruta Quetzal y ofrece unas becas a los mejores estudiantes de los diferentes países hispanos que deseen participar en esta expedición. Mi profesor me habló de esto, me propuso solicitar la beca y así lo hice. Trabajé mucho y la conseguí.

Locutor: ¿Qué es exactamente la ruta Quetzal?

Rosa: Bueno, es un poco difícil para mí explicarlo en pocas palabras, pero lo intentaré. La ruta Quetzal es un proyecto que se inició con el objetivo de hacer más fuertes los lazos de unión entre Latinoamérica, España y otros países. Pretende dar a conocer a la juventud la historia, la cultura y las peculiaridades de los diferentes pueblos que forman Latinoamérica.

Locutor: ¿Y cómo se desarrolla el proyecto?

Rosa: Pues se realiza viajando por esos lugares. Intentamos cumplir con la visión del gran viajero y explorador Miguel de la Quadra-Salcedo, que dice que solo viajando y estando en contacto con otras culturas se pueden comprender y conocer mejor.

Locutor: Rosa, tú tienes tan solo 17 años. ¿Piensas que estás preparada para la experiencia?

Rosa: ¡Espero que sí! Es verdad que soy muy joven. Pero esta es, en general, la edad de los participantes. De hecho, es un viaje con fines educativos. Un viaje de conocimiento, pero también, como dicen los participantes de otras ediciones más antiguas, para motivarte a elegir una carrera con la que puedas ayudar a la sociedad en el futuro.

Locutor: Es verdad que puede ayudarte mucho.

29 **4 Lee las preguntas y contesta las que ya sabes por la conversación anterior. Después, escucha la continuación del programa y contesta.**

a ¿Es verdad que este proyecto está patrocinado por un banco?
b ¿Qué visión tenía el explorador Miguel de la Quadra-Salcedo?
c ¿Cuáles son los objetivos de este viaje?
d ¿Quién puede formar parte de él?
e ¿Cuál fue el tema del viaje en el año 92?
f ¿Se dice a dónde viajaron los expedicionarios?
g ¿Cuál es el tema de la ruta Quetzal de este año?
h ¿A dónde viajarán los expedicionarios?

5 Escribe un diálogo similar siguiendo las instrucciones. Después, representa la conversación con tu compañero/a.

1	2	3	4	5	6
Llama a un amigo/a que va a colaborar con una organización benéfica en otro país. Salúdalo.	Tu amigo/a responde y dice que se alegra de saber de ti.	Pregúntale qué va a hacer allí.	Dice con qué organización va, a qué lugar y de qué manera va a ayudar allí.	Pregunta cómo conoció esa organización para saber cómo puedes ayudar tú también.	Te informa y te anima. Se despide.

Actividades interactivas

COMUNICACIÓN

MOSTRAR ACUERDO Y DESACUERDO

- Para **mostrar acuerdo o desacuerdo** con las opiniones de otros, se usa:
  - ***Yo** (no) **estoy de acuerdo con*** + esa idea / Luis / ***lo de*** + nombre o infinitivo / ***que*** + subjuntivo **porque**...

  – *Yo no estoy de acuerdo con lo de privatizar la sanidad pública.*
  - ***Yo creo que lo de*** + nombre o infinitivo + indicativo
    – *Yo creo que lo de donar sangre a menudo es fundamental.*
  - ***Yo no creo que lo de*** + nombre o infinitivo + subjuntivo
    – *Yo no creo que lo de privatizar la sanidad pública mejore los servicios.*

- Para mostrar que estamos **parcialmente de acuerdo**, se usa:
  - *Sí, (estoy de acuerdo) / claro, / por supuesto, / desde luego, / tienes razón,* | ***pero*** / ***sin embargo*** | + opinión

  – *Las ONG ayudan muchísimo a los países más necesitados.*
  – *Sí, estoy de acuerdo, pero tendríamos que ayudar todos mucho más.*

> **!** Para dar una opinión, se usa:
> - ***Creo que*** / ***Me parece que*** + indicativo
> - ***No creo que / No me parece que + subjuntivo***
> - ***Para mí*** + opinión

- Para mostrar que estamos **totalmente en desacuerdo**, casi enfadados, se usa:
  - *Pues yo no pienso **así, ¿eh?***
  - ***Ni hablar**, eso no es así.*
  - *Pues yo no estoy **para nada** de acuerdo.*
  - ***¡Pero tú qué dices!***
  - ***No tienes ni idea** de lo que estás diciendo.*

30 **1** **Vas a escuchar a cinco personas que hablan sobre la inmigración. Escucha las reacciones a las opiniones y pon un ✔ en la columna que tú creas. Pon especial atención en la entonación y la forma de decirlo.**

	1	2	3	4	5
a Acuerdo total.					
b Acuerdo parcial.					
c Desacuerdo.					

2 **Haz una valoración sobre los siguientes temas y actividades. Después, intercambia las valoraciones que has hecho con tu compañero/a. Si no estás de acuerdo con sus opiniones, niégaselas y da tu opinión.**

a Ayudar a la gente que lo necesita. ➜ Es una obligación social.
b Ser vegetariano.
c Tener mascotas en casa.
d La donación de sangre.
e Colgar vídeos en Internet.

Para mí, ayudar a la gente que lo necesita es una obligación social.
Yo estoy de acuerdo, pero creo que el gobierno está obligado a ayudar también.

Cuaderno de ejercicios p. 38

APOYAR Y REFUTAR UNA INFORMACIÓN

- Para **confirmar una realidad**, es decir, que algo es cierto y está demostrado, se usa:
  - ***Es evidente/obvio/cierto/verdad***... + ***que*** + indicativo
    – *Es evidente que se había informado antes de viajar.*
  - ***Está claro/demostrado***... + ***que*** + indicativo
    – *Está claro que no llevó todo lo que necesitaba.*
- Para **desmentir la información dada** se usan las expresiones anteriores, en su forma negativa, seguidas de subjuntivo.
  - ***No es cierto/verdad***... + ***que*** + subjuntivo
    – *No es verdad que tengas que vacunarte para* entrar en el país.
  - ***No está claro/demostrado***... + ***que*** + subjuntivo
    – *No está claro que se pueda viajar a Colombia sin visado.*

3 **¿Has trabajado alguna vez de voluntario/a? ¿Se fomenta en tu país este tema? ¿En qué organizaciones sí participarías y en cuáles no? ¿Por qué? Vamos a hacer un debate a partir de la siguiente afirmación:**

"El voluntariado es un fenómeno que está de moda; los jóvenes lo practican porque queda bien y está bien visto por los demás".

4 **Ahora escribid las conclusiones del debate. Llegad a un acuerdo entre todos y escribid en un póster vuestras conclusiones. Colgad el resultado en la pared de la clase.**

– *En primer lugar, todos estamos de acuerdo con que nuestra ciudad no ofrece suficientes programas de voluntariado, sin embargo...*

5 **Vas a leer un blog de viajes, pero antes confirma o desmiente las siguientes afirmaciones.**

a Bogotá es la capital de Colombia.
b Los colombianos toman mucho café.
c Guascas es una especia aromática.
d La comida colombiana es muy picante.
e Hay muchas iglesias en Colombia.
f La Amazonía está cerca de Bogotá.

6 **Lee el blog de Antonio y comenta con tu compañero/a cómo ha sido su experiencia en Colombia. Usa expresiones que has aprendido, como en el ejemplo.**

– Es evidente que le gustó mucho el café de Colombia.
– Es verdad que la gente es muy atenta.

El blog de Antonio

inicio | archivos | viajes | buscar

Viajes **Colombia**

Acabo de llegar de mi viaje a Colombia donde estuve un par de meses como voluntario y me gustaría compartir con todos mi experiencia, por si alguien está interesado en visitar ese maravilloso país. Aterricé en Bogotá y lo primero que hice fue tomarme un café. Están muy orgullosos de su producto estrella y no es para menos, la verdad. Nunca he tomado un café tan bueno. Después, me dirigí a un punto de información turística y me atendieron muy bien, la gente es muy atenta. Me dijeron que tenía que probar su plato típico: el ajiaco. Es un plato muy sencillo: una sopa de pollo con tres clases distintas de patatas y condimentado con guascas. Tenían razón, estaba riquísimo.

De la parte cultural destaco la ruta que hice de santuarios religiosos. Colombia es un país católico y me encantó el recorrido. Visité el santuario del Divino Niño, el santuario de la Virgen de Guadalupe, el santuario del Señor de los Caídos y otros más.

Si lo que te interesa es la naturaleza, no puedes perderte la Amazonía. Es la zona más verde del país. Yo fui con un guía especializado. Visitar esta zona es impresionante, pero moverse por la selva no es tan fácil como pueda parecer.

El último día me quedé descansando en el hotel y después salí a pasear por los alrededores. Así pude pasar tiempo observando a la gente. Fue muy agradable conversar largo y tendido con los trabajadores del hotel y los vendedores de la calle.

7 **Lee estas recomendaciones para viajar a Bogotá y, después, elabora un texto similar para turistas que quieran visitar tu ciudad.**

COLOMBIA

Si estás preparando un viaje a la capital de Colombia y te preguntas qué ver en Bogotá surge un problema: la lista de cosas que ver en Bogotá puede llegar a ser interminable. La ciudad alberga una gran cantidad de rincones, museos, miradores, etc.

Es cierto que el centro histórico de La Candelaria es sin lugar a dudas de las primeras cosas que visitar en Bogotá. El barrio conserva las casas y edificios de la época colonial.

Si hablamos de los museos que hay en Bogotá, es obvio que uno es especialmente conocido y característico: el Museo Botero, donado por el artista a la ciudad. Allí se pueden admirar muchas de sus pinturas. También son interesantes el Museo del Oro y el Museo Nacional de Colombia, donde se guardan muchas piezas precolombinas.

Pero unos de los sitios que ver en Bogotá más curiosos es el cerro de Monserrate. Se puede subir en teleférico para disfrutar de las vistas de la ciudad, no solo al llegar arriba, sino durante todo el trayecto.

Y si estás cansado del ritmo de la ciudad, siempre puedes salir a dar un paseo a las afueras, como en Páramo de Sumapaz y respirar la paz de sus alrededores. Las vistas de los Andes o una ruta por sus espacios naturales son también imprescindibles entre las cosas que hacer en Bogotá.

Si ya has visitado los lugares de mayor interés y tienes suficiente energía, está claro que una noche de salsa puede ser un buen plan. La noche de la capital colombiana es de lo más animada.

(Adaptado de http://www.minube.com/que_ver/colombia/bogota/bogota)

Cuaderno de ejercicios p. 38   Actividades interactivas

Sesión de cine VÍDEO

Título: El viaje de Carol.
Año: 2002.
País: España y portugal.
Género: Drama.
Director: Imanol Uribe.
Intérpretes: Clara Lago, Juan José Ballesta, Álvaro de Luna, María Barranco, Carmelo Gómez, Rosa María Sardà, Alberto Jiménez, Lucina Gil, Daniel Retuerta y Andrés de la Cruz.
Secuencia: 00:07:18 – 00:12:03

SINOPSIS

Carol, una niña de 12 años, de madre española y padre norteamericano, viaja por primera vez a España en la primavera de 1938 en compañía de su madre (Aurora). Separada de su padre, piloto en las Brigadas Internacionales al que ella adora, su llegada al pueblo de su madre transforma un entorno familiar lleno de secretos. Con un carácter rebelde, se opone a los convencionalismos de un mundo que le resulta desconocido. La complicidad con Maruja, las lecciones de vida de su abuelo Amalio y su especial afecto por Tomiche le abrirán las puertas a un universo de sentimientos adultos que harán de su viaje un trayecto interior desgarrador, tierno, vital e inolvidable.

1 **Carol acaba de llegar desde Nueva York a un pequeño pueblo de España. ¿Qué cosas crees que puede echar de menos alguien que deja de vivir en una gran ciudad?**

2 **En la primera imagen aparecen la madre y el abuelo de Carol. ¿Cómo crees que son? ¿Qué tipo de vida tienen?**

3 **En la siguiente imagen, Carol se encuentra con unos niños del pueblo. ¿Por qué crees que los mira de ese modo?**

5 **Ve la secuencia de la película y haz las actividades que te va a repartir tu profesor/a.**

Secuencia de película

Actividades interactivas

Palabra por palabra VOCABULARIO

El voluntariado

1 **¿Qué actividades de voluntariado están realizando las personas de las fotos? Trabaja con tu compañero/a.**

a ....

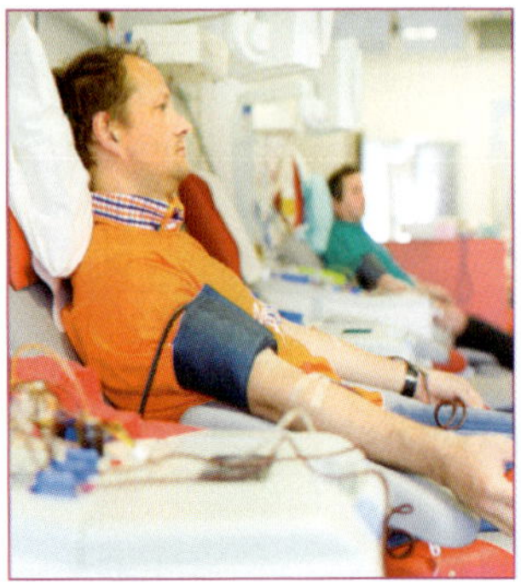

b ....

c ....

d ....

2 **Estas personas quieren ayudar en la ciudad donde viven. ¿Qué pueden hacer? Elabora una lista con tu compañero/a relacionando los verbos con las palabras del recuadro. Hay más de una opción.**

COLABORAR DONAR CUIDAR CONTRIBUIR DAR REALIZAR

sangre ▪ personas mayores ▪ una recogida de firmas ▪ dinero ▪ en una ONG
la naturaleza ▪ un mercadillo benéfico ▪ clases de forma voluntaria ▪ alimentos
ropa de segunda mano ▪ animales perdidos ▪ una donación

3 **Lee las palabras y marca qué cualidades son necesarias para ser voluntario/a en un proyecto solidario. Explica las razones.**

- sensible
- creador/ra
- perfeccionista
- vulnerable
- conciliador/ra
- activo/a
- perseverante
- tradicional
- frío
- contradictorio/a
- sociable
- atormentado/a
- pesimista
- inquieto/a
- abierto/a
- optimista
- oportunista
- diplomático/a
- comunicador/ra
- metódico/a

4 **Y tú, ¿qué cualidades crees que tienes y que te pueden servir para prestar servicio voluntario? ¿Cuáles crees que te faltan? ¿A qué actividades preferirías dedicarte y por qué? Coméntalas con tu compañero/a e incluye algunos ejemplos.**

5 **Lee este texto sobre algunos de los servicios que presta la Cruz Roja y complétalo con el siguiente vocabulario.**

desintoxicación ▪ movilidad ▪ domicilio ▪ formación ▪ mayores

Cruz Roja

Personas a .... Este sector de la población es uno de los que más preocupa a Cruz Roja. Por ello, hay proyectos en marcha de ayuda a b ...., viviendas tuteladas, etc.

Drogadictos. Atención en cárceles, centros de c .... y apartamentos de reinserción.

Refugiados e inmigrantes. A estos grupos se les proporciona asistencia sanitaria y social (alojamientos y manutención, clases de español y d ....).

Niños y jóvenes con dificultades sociales. Actividades para niños hospitalizados, hogares tutelados para menores, talleres para jóvenes...

Personas con e .... **reducida.** Colaboran en facilitarles el transporte adaptado, ayuda a domicilio y participación en actividades de ocio.

31 **6** **Escucha las declaraciones de diversos voluntarios y anota en el siguiente cuadro dónde trabajan y por qué han decidido dedicar su tiempo libre a estas actividades.**

	Nombre	Lugar de trabajo	Motivo
a			
b			
c			
d			

7 **Son muchas las organizaciones, nacionales e internacionales, que ofrecen empleo para trabajar como cooperante o voluntario remunerado. Con tu compañero/a, investigad sobre una de las siguientes organizaciones no gubernamentales y preparad una descripción de los servicios que prestan y de los tipos de trabajos que ofrecen.**

Intervida

MEDICOS SIN FRONTERAS

ACNUR

Cuaderno de ejercicios p. 39

Palabra por palabra VOCABULARIO

Más vale prevenir

8 **Lee este texto y marca si las afirmaciones son verdaderas (V) o falsas (F).**

Precauciones para el viajero

La finalidad de un **botiquín de viaje** no es ni más ni menos que proporcionar "primeros auxilios" y evitar que las heridas y los síntomas leves pasen a ser mayores.

En el botiquín estándar para el viajero no debería faltar **agua oxigenada**, **alcohol**, **algodón**, **gasas** esterilizadas, **tijeras**, **termómetro**, **tiritas** y **aspirinas** o antiinflamatorios.

Estos elementos deberían ser suficientes para asistirte en caso de que te sientas mal durante un viaje corto. Sin embargo, si realizas un viaje largo, te recomendamos visitar a tu médico para consultarle las **vacunas** necesarias u otro tipo de medicamentos.

Los síntomas y malestares más comunes que suelen presentarse durante un viaje son: fiebre, náuseas, diarrea o dolores de cabeza. Por supuesto, en caso de que los síntomas persistan, lo mejor es visitar a un médico lo más rápido posible. Hay otros elementos que debes llevar por precaución, como **repelente de insectos** o **protector solar**.

Por último, hay que tener en cuenta algunos consejos para evitar problemas de salud comunes durante un viaje, como por ejemplo, tratar de alimentarse de forma sana, mantenerse hidratado consumiendo agua potable y descansar lo necesario.

Texto adaptado de http://www.viajeros.com/articulos/1028-que-llevar-en-el-botiquin-basico)

		V	F
a	Las vendas no deberían faltar en ningún botiquín.	V	F
b	No es necesario visitar a un médico antes de viajar.	V	F
c	Si persiste la fiebre durante varios días, es aconsejable que visites a un médico.	V	F
d	Es importante beber mucha agua aunque comas mal.	V	F

9 **Mira el mapa, ¿sabes cómo se llama este país? ¿Has estado alguna vez en él? ¿Qué dificultades crees que pueden tener los turistas que viajan a este país? ¿Qué precauciones crees que deberían tomar? Habla con tus compañeros.**

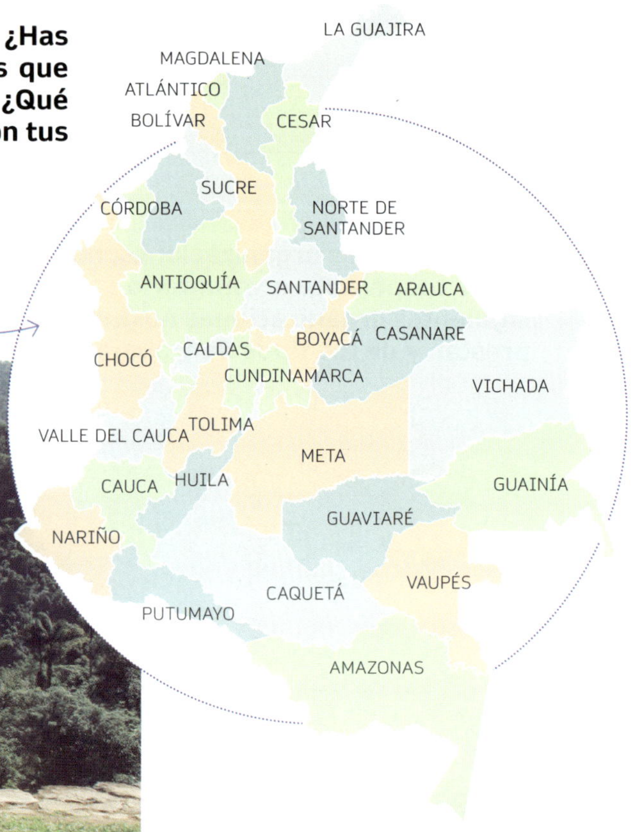

10 **Lee ahora esta ficha de información sobre Colombia para los visitantes de otros países y confirma si las suposiciones que has hecho son correctas.**

Colombia

DOCUMENTOS: Los visitantes procedentes de Australia, de Nueva Zelanda, de la mayoría de los países europeos y de Estados Unidos no necesitan visado si permanecen menos de 90 días en el país en calidad de turistas. Los viajeros de otras nacionalidades deben consultar con el consulado colombiano la situación de los visados antes de partir.

VACUNAS: No se exige ninguna vacuna para entrar en Colombia.

DIVISAS: Los visitantes extranjeros pueden sacar divisas sin restricción.

TRANSPORTE: Hay 74 aeropuertos, de los cuales cinco son internacionales: Bogotá, Medellín, Cali, Barranquilla y Cartagena. El sistema montañoso dificulta el transporte por carretera. Las principales ciudades están conectadas por buenas vías; en regiones más apartadas de las principales rutas puede haber tramos en estado deficiente, sobre todo en épocas de lluvia. Para recorridos terrestres se puede optar por tours organizados por las agencias de viajes, servicio público de autobuses intermunicipales o renta de automóviles.

SALUD: Problemas más comunes: mal de altura, trastornos estomacales, malaria en algunas zonas de selva, dengue... Se sugiere abstenerse de consumir agua de los grifos; lo óptimo es tomarla embotellada. Urgencias médicas y servicios de salud: la red de atención en salud preventiva y curativa en Colombia es bien completa, pues los servicios médicos de urgencias son de calidad y cuentan con especialistas en los diferentes campos de la medicina durante las 24 horas del día. Es importante tener un seguro de asistencia internacional; cuando tenga una urgencia procure recurrir a la Cruz Roja o a clínicas privadas. Los centros de salud y hospitales públicos pueden ser utilizados en casos de extrema necesidad.

11 **Sofía, una chica de Colombia, viene a pasar unas vacaciones a tu ciudad. Tiene preguntas sobre el hotel y escribe un correo a la agencia de viajes, pidiéndole información. Según los datos que tienes del artículo anterior, ¿qué preguntas crees que va a hacer Sofía? Escribe algunas para cada requisito según la perspectiva de Sofía.**

REQUISITOS

- Hospital cercano.
- Seguro de asistencia internacional.
- Aire acondicionado.
- Agua embotellada.
- Mosquitero.
- Uso de tarjeta de crédito dentro del hotel y cambio de moneda.
- Excursiones organizadas por el hotel y medios de transporte.

Para: agencia@mail.es

– ¿Hay un hospital cerca del hotel?
– ¿A cuántos kilómetros?
– ¿Es privado o público?
– ¿Qué necesito llevar si tienen que atenderme allí?

Cuaderno de ejercicios p. 39 Actividades interactivas

Paso a paso GRAMÁTICA

EXPRESIONES IMPERSONALES CON INDICATIVO Y SUBJUNTIVO

Las expresiones impersonales se usan para expresar una opinión, juicios de valor y confirmar que algo es verdad o evidente. Estas expresiones pueden ir seguidas de indicativo o de subjuntivo.

- Para **hacer valoraciones**:
  - ***Me parece*** / ***Es*** + adjetivo
  - ***Me parece*** / ***Está*** + adverbio | + ***que*** + subjuntivo
  - ***Es un/una*** + sustantivo
    - *Me parece increíble que la gente no se informe antes de viajar.*
    - *Está mal que los turistas no se relacionen con la gente del lugar.*
    - *Es una pena que tengas que viajar sola.*
- Para **confirmar lo evidente**, una realidad:
  - ***Es cierto/evidente/verdad/indudable***... + ***que*** + indicativo
  - ***Está claro*** + ***que*** + indicativo
    - *Es indudable que viajar nos abre los ojos a otras realidades.*
    - *Está claro que tenemos que informarnos antes de hacer un viaje.*

Videogramas

1 **Clasifica la siguiente lista de expresiones según confirmen una realidad o emitan un juicio de valor.**

- Es difícil
- Es fundamental
- Es horrible
- Es importante
- Es indiscutible
- Es innegable
- Es bueno
- Es malo
- Es mejor
- Es muy triste
- Es necesario
- Es normal
- Es obvio
- Es probable
- Es seguro
- Es una vergüenza
- Está comprobado
- Está demostrado
- Está visto
- No es justo

Confirmar una realidad	Emitir un juicio de valor

2 **Relaciona para formar frases con sentido. Después, compara tus frases con las de tu compañero/a. ¿Estáis de acuerdo?**

1 Les parece fantástico...
2 Es horrible...
3 Es verdad...
4 Me parece interesante...
5 Creo que es urgente...
6 Está claro...
7 Me parece increíble...
8 Nos parece fatal...

a que haya tanta necesidad en las grandes ciudades y que se haga tan poco para disminuirla.
b que hagan experimentos con animales.
c que haya castigos más duros contra las personas que manejan bajo los efectos del alcohol.
d que la inestabilidad política es el principal culpable de la pobreza mundial.
e que la seguridad vial empieza a ser un tema muy preocupante.
f que en la oficina solo se use papel reciclado.
g que los gobiernos se tomen en serio el tema de la protección de los niños y adolescentes migrantes.
h que todavía haya países con bombas nucleares.

3 **Lee los siguientes titulares y los subtítulos de noticias tomadas de periódicos hispanos. Haz una valoración sobre los temas usando las expresiones aprendidas. Comparte tus opiniones con tus compañeros.**

Proyecto de ley busca obligar a conductores ebrios a prestar servicio social

El proyecto señala que todo conductor que sea sorprendido en estado de ebriedad será retenido hasta que se le pase el efecto del alcohol y, posteriormente, deberá prestar servicio social, además de las sanciones contempladas en el reglamento de tránsito.

(www.panamaluz.com, Panamá)

Cruz Roja Venezolana impartirá un curso vacacional de primeros auxilios

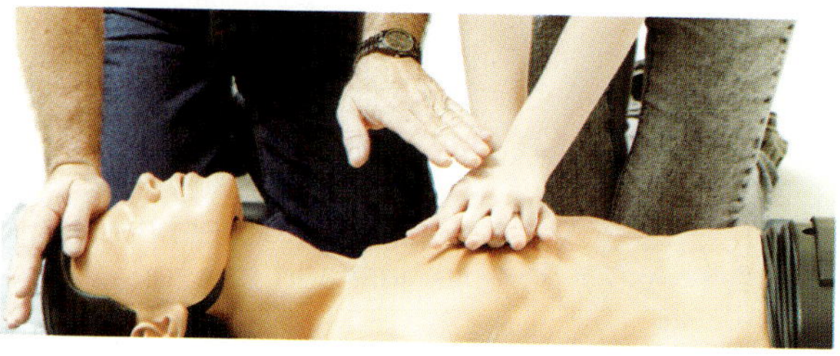

Este curso va dirigido a jóvenes entre 12 y 15 años de edad e incluirá consideraciones generales sobre las emergencias básicas y la atención primaria, conducta ante una emergencia y signos vitales, entre otros temas.

(www.cruzrojavenezonalana.org, Venezuela)

Ana, una joven invidente, se enfrenta a la exigente ruta Quetzal

Ana se ha enfrentado a la ruta Quetzal, una exigente travesía entre Colombia y España. Su objetivo: demostrar a la sociedad que los invidentes también pueden llevar un estilo de vida perfectamente normal.

(www.iberoamerica.net, España)

Cuaderno de ejercicios p. 40

Paso a paso GRAMÁTICA

PRETÉRITO PERFECTO DE SUBJUNTIVO

El pretérito perfecto de subjuntivo se utiliza para expresar sentimientos y opiniones sobre algo que ya ha ocurrido. Como el pretérito perfecto de indicativo, se construye con el verbo *haber* + participio.

	-ar	-er	-ir
haya			
hayas			
haya	trabaj**ado**	com**ido**	viv**ido**
hayamos			
hayáis			
hayan			

– *Me parece fantástico que hayan ido de vacaciones a Colombia.*

- Este tiempo tiene los mismos valores que el pretérito perfecto de indicativo; cuando el verbo principal pide subjuntivo, utilizamos el pretérito perfecto de subjuntivo.
  - *¿Has mandado tu solicitud al director?*
  - *Sí, lo he hecho esta mañana.*
  - *Ah, pues me parece importante que lo hayas mandado.*

- Para **expresar extrañeza**:

Videogramas

- ***¡Qué raro/extraño***...
- ***Me parece raro/extraño***...
- ***Me extraña***...

+ ***que*** + subjuntivo

– *Me parece rarísimo que no haya llamado.*
– *¡Qué raro que no haya ido a la fiesta!*

4 **Estás chateando con tus amigos. ¡Cuántas cosas les han pasado! Responde rápidamente a sus preocupaciones con una expresión de extrañeza u otra expresión impersonal.**

Skype

\# Luisa ¡Qué desesperación! Llevo toda la tarde buscando mi móvil, ¿dónde estará? He buscado por todas partes, hasta en el cuarto de baño.
\# Tú ....

\# Jorge Pues yo estaba en casa esperando una llamada muy importante de mi universidad. Como no llamaban me fui a duchar, y justo cuando salgo, veo que tengo una llamada perdida... Y lo malo es que no sé de quién era...
\# Tú ....

\# Alberto ¡Vaya día! Yo esta mañana me he quedado encerrado en el ascensor. Lleva varios días sin funcionar, pero ayer noche había un cartel que decía: FUNCIONA.
\# Tú ....

\# Luisa ¿Sabes que Juan ya ha recibido noticias de la beca? Parece que han anunciado los seleccionados, pero yo no he podido ir a clase y no sé si me la han concedido o no. Para un día que no voy a clase... ¡Qué rabia!
\# Tú ....

\# Jorge ¿Ya han llegado tus amigos del viaje? Como les retrasaron el vuelo...
\# Tú ....

\# Alberto Por cierto, fuimos a comprar el regalo de cumpleaños de Ángela. No sé si le va a gustar. Es tan rara...
\# Tú ....

Cuaderno de ejercicios p. 42

PRONOMBRE *SE*

El pronombre ***se*** puede tener varias funciones:

- **Reflexivo.** Se usa el pronombre ***se*** para conjugar los verbos reflexivos en las terceras personas del singular y del plural. Estos verbos comunican que la acción desempeñada sobre el sujeto recae sobre sí mismo (*lavarse*, *vestirse*, *parecerse*...):
  - *Desde que vive en Buenos Aires se levanta muy temprano.*
- **Pasivo.** Se usa ***se*** + verbo en tercera persona del singular o del plural, y equivale a una oración pasiva cuando consideramos que referirse al sujeto activo no es importante: *se alquila*, *se vende*, *se explica*, *se sabe*... en lugar de *es alquilado*, *es vendido*, *es explicado*, *es sabido*...:
  - *En España se baila flamenco.*
- **Recíproco.** Se usa el pronombre ***se*** para expresar una acción de intercambio mutuo (*escribirse*, *verse*, *comunicarse*, *hablarse*...):
  - *Como viven lejos, se comunican poco.*
- **Objeto indirecto.** Usamos ***se*** en lugar de *le* o *les* para referirnos al objeto indirecto cuando en la oración hay también otro pronombre de objeto directo (*lo*, *la*, *los*, *las*):
  - *Este restaurante se lo recomendé a mi hermano cuando viajó a Lima.*

Videogramas

5 **La próxima edición de la ruta Quetzal ya está en marcha. Lee la información e indica las funciones de los pronombres *se* resaltados. Después, compara tus respuestas con tu compañero/a.**

Publicada la lista de trabajos recibidos para optar a ser uno de los 200 expedicionarios

Vista aérea del río Amazonas.

Ya queda menos para saber quiénes serán los seleccionados que **1 se** embarcarán en una nueva edición de esta expedición que ofrece la oportunidad de viajar, descubrir otras culturas y conocer a jóvenes de otros países hispanoamericanos a lo largo de una ruta por América y España. Este año, la ruta **2 se** desarrollará del 19 de junio al 23 de julio.

Como novedad, el programa Ruta BBVA, CERMI y la Fundación ONCE han creado este año la Embajada de la Discapacidad, a través de la cual **3 se** abre la participación a dos jóvenes con discapacidad que hayan superado el proceso de preselección.

Tras haber concluido el periodo de inscripción y finalizado el envío de los proyectos y trabajos, queda ahora esperar a la primera quincena de marzo para conocer a los afortunados que, finalmente, **4 se** convertirán en expedicionarios.

Cañón del Colca.

Estos van a ser seleccionados por una comisión elegida por la Universidad Complutense de Madrid, que tiene la responsabilidad de seleccionar los mejores trabajos presentados y, posteriormente, realizar las comprobaciones que crea necesarias, mediante llamada telefónica o videoconferencia, para probar la autoría de los documentos presentados antes de realizar la selección definitiva de candidatos.

Una vez que **5 se** sepa quiénes serán los participantes, **6 se** les citará para que **7 se** conozcan y tengan un primer contacto antes del viaje. **8 Se** hará entonces una foto de grupo para la prensa y para las familias de los estudiantes. **9 Se** la enviarán después de la expedición.

(Adaptado de www.injuve.es/cooperación/noticia/ruta-quetzal-2014)

Paso a paso GRAMÁTICA

6 **Contesta a estas preguntas sobre las cosas que haces para los demás usando *se lo*, *se la*, *se los* y *se las*. Después, comparte tus respuestas en grupos pequeños. ¿Con quién tienes más en común?**

a ¿Qué haces con la ropa que ya no usas?
- *Yo se la doy a mi vecina que tiene tres niñas más pequeñas que yo.*
- *Pues yo se la doy a una ONG que se llama Cáritas.*

b ¿A quién no le prestarías nunca tu móvil?

c ¿A quién le cuentas tus problemas o secretos?

d ¿A quién de tus compañeros le recomendarías hacer la ruta Quetzal? ¿Por qué?

7 **Se dice que cada casa es un mundo. Lee las siguientes costumbres y escribe una frase usando el *se* impersonal, explicando si tú tienes estas costumbres o no. Después, pregúntale a tu compañero/a. ¿Tenéis muchas cosas en común?**

Costumbres	Mi zona/familia	La zona/familia de mi compañero/a
Freír los alimentos con mantequilla.	☒	☑
– *En mi familia no se fríen los alimentos con mantequilla, se fríen con aceite de oliva. ¿Y en la tuya?*		
Celebrar los 15 años de edad.	☐	☐
–		
Comer alimentos picantes.	☐	☐
–		
Viajar mucho al extranjero.	☐	☐
–		
Asistir a eventos culturales, como el teatro y exposiciones de arte.	☐	☐
–		
Reciclar papel, vidrio y aluminio.	☐	☐
–		
Apreciar los deportes.	☐	☐
–		
Otras:	☐	☐
–		

Cuaderno de ejercicios p. 43
Actividades interactivas

Suena bien — PRONUNCIACIÓN Y ORTOGRAFÍA

Los sonidos /k/ y /g/. La tilde diacrítica (2)

32 **1 Escucha y repite estas dos series de palabras: la primera con el sonido /k/ y la segunda con el sonido /g/.**

Palabras con /k/			
cuco	caro	cloro	crema
frac	koala	queso	oca

Palabras con /g/			
gato	guisante	guerra	airbag
desagüe	regla	globo	tango

- El sonido /k/ se corresponde con las grafías: *ca*, *co*, *cu*, *que*, *qui* y *k*.
- El sonido /g/ se corresponde con las grafías: *ga*, *go*, *gu*, *gue*, *gui*, *güe* y *güi*.

33 **2 Marca las palabras que escuches.**

a ☐ gallo / ☐ callo   c ☐ guita / ☐ quita   e ☐ gama / ☐ cama   g ☐ gasa / ☐ casa
b ☐ goma / ☐ coma   d ☐ gana / ☐ cana   f ☐ guiso / ☐ quiso   h ☐ bloc / ☐ blog

3 Observa las palabras y complétalas con las grafías *c*, *q* o *k*.

a ....étchup   d ....oche   g ....ung-fu   j ....asa
b ....ueso   e ....árate   h ....ilo   k ....una
c ....oala   f ....uiero   i ....uemar   l tan.......ue

LA TILDE DIACRÍTICA (2)

- Los pronombres interrogativos y exclamativos siempre llevan tilde para diferenciarlos de los pronombres relativos.
  - *¿Dónde* es la fiesta? (pronombre interrogativo)
  - En el restaurante *donde* fuimos ayer. (pronombre relativo)

4 Fíjate en las siguientes oraciones y señala la regla.

- **a** Los pronombres interrogativos directos llevan siempre tilde. *–¿Qué hora es?*
- **b** Los pronombres interrogativos indirectos llevan siempre tilde. *–Me pregunto qué quiere.*
- **c** Los pronombres relativos nunca llevan tilde. *–El libro que quiero cuesta 15 euros.*
- **d** Los pronombres exclamativos directos llevan siempre tilde. *–¡Qué calor!*
- **e** Los pronombres exclamativos indirectos llevan siempre tilde. *–Me dijo qué guapa era.*

1 ¿**Quién** podría dejarme el coche este fin de semana? (a) (b) (c) (d) (e)
2 ¡**Quién** tuviera tu edad para disfrutar! (a) (b) (c) (d) (e)
3 **Quien** me deje un coche este fin de semana será recompensado. (a) (b) (c) (d) (e)
4 ¡**Qué** te diría la profesora, que estás tan triste! (a) (b) (c) (d) (e)
5 Todos dijimos que **qué** bien lo estaban haciendo. (a) (b) (c) (d) (e)
6 La niña **que** viste ayer es mi sobrina. (a) (b) (c) (d) (e)
7 ¿**Dónde** habré dejado la cámara de fotos? (a) (b) (c) (d) (e)
8 No sé **dónde** podremos ir de vacaciones este año. (a) (b) (c) (d) (e)
9 El restaurante **donde** fuimos a cenar ayer ha ganado una estrella Michelín. (a) (b) (c) (d) (e)

Cuaderno de ejercicios p. 44   Actividades interactivas

Mundo hispano

Cultura

LA MEDICINA TRADICIONAL INDÍGENA

¿Qué es la medicina alternativa?

1 **Elige la respuesta correcta.**

a Medicinas relacionadas con lo sagrado.

b Enfoque que considera al ser humano como un conjunto.

c Terapias basadas únicamente en plantas medicinales.

2 **¿Qué diferencias crees que existen entre la medicina tradicional y la moderna?**

3 **Lee el siguiente texto que habla de la medicina tradicional indígena y relaciona cada párrafo con la imagen que le corresponde de la siguiente página.**

La medicina tradicional indígena

a La medicina tradicional indígena es el conjunto de creencias, prácticas y recursos para prevenir, curar o mantener la salud individual y colectiva. Tiene su origen en las culturas prehispánicas, aunque con el tiempo ha ido tomando diferentes influencias (española, africana, moderna...).

b Esta medicina se basa en una visión del universo como una totalidad interconectada. El ser humano es cuerpo y mente en equilibrio consigo mismo y con el universo al que está conectado. La enfermedad se produce por la ruptura de ese equilibrio y puede ser debida a factores sociales, individuales, espirituales, alimenticios, movimientos bruscos...

c Los curanderos hacen el diagnóstico del paciente a través de diversos métodos: un diálogo con el paciente y la observación detallada de él y de su entorno, la interpretación de los sueños, limpias, masajes, el pulso o diálogo con la sangre, etc. En ocasiones, un procedimiento puede ser para diagnosticar y curar al mismo tiempo (las limpias o los masajes, por ejemplo). También existen muchos procedimientos preventivos que se encargan de evitar, controlar y eliminar los mecanismos que rompen este equilibrio.

d Quienes tratan estas enfermedades son los curanderos, que basan sus prácticas en esta cosmovisión del sistema indígena tradicional y son respetados por la comunidad.

e Los recursos terapéuticos que se aplican son variados: plantas medicinales, animales medicinales, amuletos, minerales, hidroterapia, lugares sagrados, mandas (penitencias o sacrificios para aliviar los problemas), rezos, promesas, ofrendas (a santos o entes sagrados)...

1 ☐

2 ☐
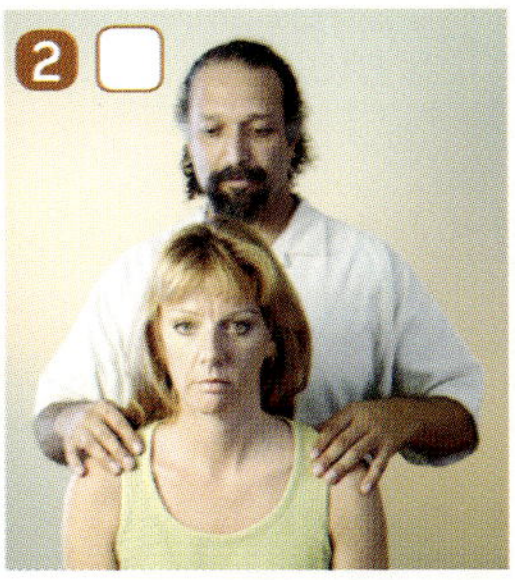
3 ☐

4 ☐
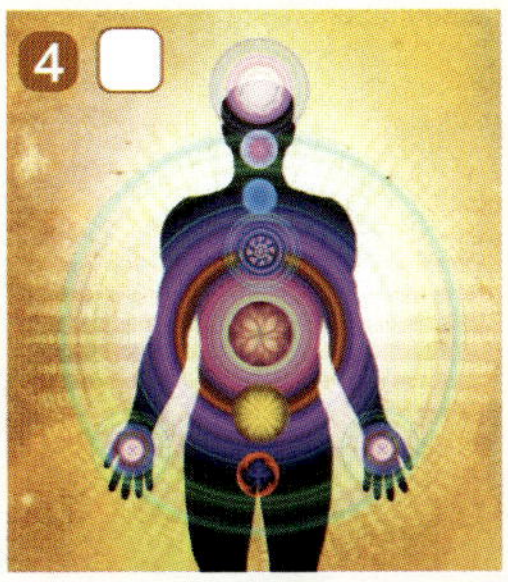
5 ☐

MÚSICA

Juan Luis Guerra es un cantante y compositor dominicano. Junto a su banda 440 ha vendido varios millones de discos y ha ganado numerosos premios. Es una de las estrella de la música latinoamericana. Entre sus éxitos más importantes están las canciones *Ojalá que llueva café* y *La bilirrubina*.

4 Completa la canción con estas palabras.

fiebre ▪ cirugía ▪ aspirina ▪ corazón
enfermería ▪ radiografía ▪ vitamina ▪ suero

La bilirrubina

Oye, me dio una **a** .... el otro día
por causa de tu amor, cristiana,
que fui a parar a la **b** ....
sin yo tener seguro de cama.

Y me inyectaron **c** .... de colores,
y me sacaron la **d** ....,
y me diagnosticaron mal de amores,
al ver mi **e** .... como latía.

Oye, y me trastearon hasta el alma
con rayos X y **f** ....
y es que la ciencia no funciona;
solo tus besos, vida mía.

¡Ay, negra! ¡Mira! Búscate un catéter
e inyéctame tu amor como insulina,
y dame **g** .... de cariño
que me ha subido la bilirrubina.

Me sube la bilirrubina
¡ay!, me sube la bilirrubina,
cuando te miro y no me miras,
¡ay! cuando te miro y no me miras,
y no lo quita la **h** ....,
¡no!, ni un suero con penicilina,
es un amor que contamina,
¡ay!, me sube la bilirrubina.

Escucha la canción en Internet y comprueba tus respuestas.

5 Aquí tienes diferentes opiniones sobre la canción, señala aquella con la que estás más de acuerdo y razona tu elección.

a ☐ Esta canción es una declaración de amor. Él se muere de amor por ella.
b ☐ Está claro que él está enamorado, pero ella no.
c ☐ Él la está presionando para que no lo deje haciéndose el enfermo.
d ☐ El problema que tiene es que es un hipocondríaco y un quejica.

Cuaderno de ejercicios p. 44 · Actividades interactivas

Érase una vez... LITERATURA

Baroja

1 **¿Conoces a Pío Baroja? ¿Qué sabes de él? Lee su biografía.**

Pío Baroja

Nació en San Sebastián en 1872. Estudió Medicina en Madrid y publicó sus primeros libros en 1900. Pertenece a la Generación del 98. Durante la Guerra Civil se exilió a Francia. Murió en España en 1956. Su obra está inscrita dentro de la línea del pesimismo existencial. Entre sus novelas destacan: *Zalacaín el aventurero*, *Camino de perfección*, *Las inquietudes de Shanti Andía*, *Paradox*, *rey*, *La busca*, etc.

El texto que presentamos forma parte del libro *El árbol de la ciencia* que pertenece a la trilogía "La Raza", escrita entre 1908 y 1911. La novela es, en parte, una autobiografía de Baroja de cuando este era estudiante de Medicina.

Andrés Hurtado, el protagonista de esta novela, llega a la Universidad de Madrid con ganas de aprender, de que le enseñen la verdad. Como respuesta, sus profesores acuden a dar las clases desganadamente, sin esforzarse lo más mínimo. Ante estas circunstancias, Andrés va a tomar una postura pesimista, no solo ante sus estudios, sino ante el mundo en general. Esta actitud la va a mantener durante toda su vida; incluso cuando concluye su carrera y se dedica temporalmente a la medicina, va a sentir antipatía por una buena parte de sus pacientes y compañeros de trabajo.

2 **Investiga en Internet y responde a estas preguntas.**

a ¿A qué edad murió Pío Baroja?

....

b ¿Qué otros autores pertenecieron a la Generación del 98?

....

....

....

c ¿Dónde está la ciudad donde nació Pío Baroja?

....

3 **Antes de leer el fragmento de *El árbol de la ciencia*, elige el significado de las siguientes palabras.**

a Cucurucho.
- ☐ Cono hecho con papel.
- ☐ Primitivo, arcaico.

b Jovialidad.
- ☐ Diversión, alegría.
- ☐ Prenda de ropa.

c Alarde.
- ☐ Parte del cerebro.
- ☐ Presumir.

d Capa.
- ☐ Desprecio.
- ☐ Prenda de ropa.

e Aprensivo.
- ☐ Que tiene miedo a enfermar.
- ☐ Cono hecho con papel.

f Sesos.
- ☐ Parte del cerebro.
- ☐ Diversión, alegría.

g Fruición.
- ☐ Placer intenso.
- ☐ Prenda de ropa.

h Desdén.
- ☐ Diversión, alegría.
- ☐ Desprecio.

i Atávico.
- ☐ Primitivo, arcaico.
- ☐ Parte del cerebro.

j Grotesco.
- ☐ Ridículo, extravagante.
- ☐ Que tiene miedo a enfermar.

34 **4** **Escucha y lee el siguiente fragmento.**

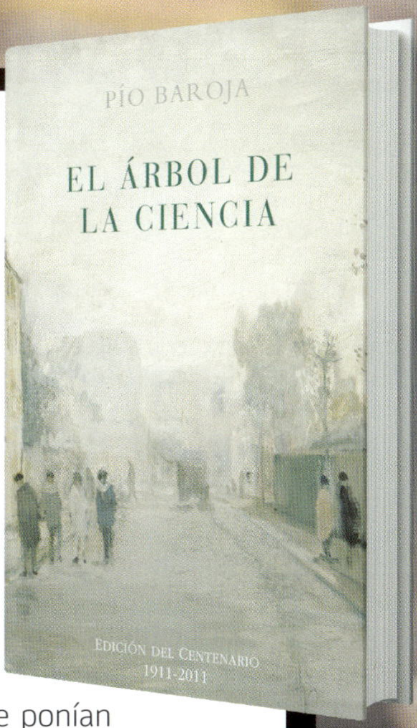

El árbol de la ciencia

El curso siguiente, de menos asignaturas, era algo más fácil: no había tantas cosas que retener en la cabeza. A pesar de esto, solo la anatomía bastaba para poner a prueba la memoria mejor organizada.

Unos meses después del principio de curso, en el tiempo frío, se comenzaba la clase de disección. Los cincuenta o sesenta alumnos se repartían en diez o doce mesas, y se agrupaban de cinco en cinco en cada una. (...)

La mayoría de los estudiantes ansiaban llegar a la sala de disección y hundir el escalpelo en los cadáveres como si les quedara un fondo atávico de crueldad primitiva. En todos ellos se producía un alarde de indiferencia y de jovialidad al encontrarse frente a la muerte, como si fuera una cosa divertida y alegre. Dentro de la clase de disección, los estudiantes encontraban grotesca la muerte, a un cadáver le ponían un cucurucho o un sombrero de papel.

Se contaba de un estudiante de segundo año que le había gastado una broma a un amigo suyo que era un poco aprensivo. Cogió el brazo de un muerto, se tapó con la capa y se acercó a saludar a su amigo.

"¡Hola! ¿Qué tal?", le dijo, sacando por debajo de la capa la mano del cadáver. "Bien. ¿Y tú?", contestó el otro.

El amigo estrechó la mano, se estremeció al notar su frialdad, y quedó horrorizado al ver que por debajo de la capa salía el brazo de un cadáver.

De otro caso sucedido por entonces se habló mucho entre los alumnos. Uno de los médicos del hospital, especialista en enfermedades nerviosas, había dado orden de que a un enfermo suyo, muerto en su sala, se le hiciera la autopsia, se le extrajera el cerebro y se lo llevaran a su casa para estudiarlo. El interno extrajo el cerebro y lo envió al domicilio del médico.

La criada de la casa, al ver el paquete, creyó que eran sesos de vaca, y los llevó a la cocina, los preparó, y los sirvió a la familia.

Se contaban muchas historias como esta, fueran verdad o no, con verdadera fruición. Existía entre los estudiantes de Medicina una tendencia al espíritu de clase, consistente en un común desdén por la muerte; en cierto entusiasmo por la brutalidad quirúrgica, y en un gran desprecio por la sensibilidad.

(Adaptado de El árbol de la ciencia, Pío Baroja*)*

5 **Habla con tus compañeros sobre el fragmento que has leído teniendo en cuenta los puntos que te damos a continuación.**

a Comenta el título *El árbol de la ciencia*.

b Interpreta la actitud de los estudiantes de Medicina.

c Explica cómo se siente el protagonista frente a las reacciones de sus compañeros de clase.

d ¿Puedes deducir cuáles son o pueden ser los intereses de los profesores?

e ¿Qué harías tú si estuvieras en su lugar?

Actividades interactivas

Me preparo para el DELE

Prueba de comprensión de lectura

1 **Lee el texto y rellena los huecos con la opción correcta (A / B / C).**

El sistema de seguridad social en México

1 diversas instituciones, como el Instituto Mexicano del Seguro Social (IMSS), que 2 servicios de salud a empleados en el sector privado y a sus familias; y el Instituto de Seguridad y Servicios Sociales de los Trabajadores del Estado (ISSSTE), que 3 las necesidades sociales y el 4 de la salud de los empleados del Estado y sus familias. Ambas instituciones 5 financian con las contribuciones de los empresarios, el Estado y los 6 trabajadores.

	a	b	c
1	Están	Hay	Existe
2	prestan	contribuyen	toman
3	colabora	atiende	elimina
4	cuidado	interés	aviso
5	le	lo	se
6	propios	mayores	todos

2 **Continúa leyendo el texto y contesta las preguntas.**

El seguro popular

En 2003 el Gobierno mexicano creó el seguro popular para proporcionar servicios médicos al 50% de la población que no tenía ninguna protección. Se diseñó específicamente para personas de bajos recursos económicos que no tienen empleo o que trabajan por su cuenta. El seguro, financiado en gran parte por el gobierno, proporciona servicios médico-quirúrgicos, farmacéuticos y hospitalarios. Todos los mexicanos y mexicanas que no están cubiertos ni por el IMSS ni por el ISSTE tienen derecho a afiliarse a este seguro, ya sea de forma gratuita o mediante una cuota que se fija de acuerdo a las posibilidades económicas de cada persona.

1 Según el texto para tener derecho el seguro popular...
- a hay que estar trabajando.
- b hay que pagar una cantidad de dinero al mes.
- c no hay que pertenecer ni al IMSS no al ISSTE.

2 Según el texto...
- a todos los mexicanos pagan la misma cuota del seguro popular.
- b el seguro popular está financiado por el gobierno en su totalidad.
- c todos los mexicanos pueden unirse al seguro popular.

¡Me lo sé!

EVALUACIÓN

1 Fíjate en las siguientes estructuras y marca la opción correcta. Después, escribe un final para cada comienzo.

__/6

	Infinitivo	Indicativo	Subjuntivo
a Creo que...	☐	☐	☐
b No creo que...	☐	☐	☐
c Es importante que...	☐	☐	☐
d Es necesario...	☐	☐	☐
e Me parece increíble que...	☐	☐	☐
f Está claro que...	☐	☐	☐

2 Reacciona expresando extrañeza.

__/6

◗ *Eva ha llegado tarde hoy a clase.*
◗ *Me extraña que haya llegado tarde, siempre es muy puntual.*

a Mi madre no me ha llamado.
b Siempre dejo las llaves encima de la mesa y no están, ¿las has visto?
c Me acaba de llamar Pepe y me ha dicho que no viene a la fiesta.
d ¿Sabes? Tere y Gonzalo se han ido de vacaciones al desierto de Atacama.
e He ido a ver a tu hermana, ¿sabes que le han regalado un gato?
f Me he apuntado a un gimnasio y voy a ir todos los días.

3 Señala a qué uso de *se* corresponde cada frase: reflexivo, pasivo, recíproco u objeto indirecto.

__/6

a En mi casa la salsa de tomate se hace con mucho ajo. ....pasivo........
b Carlos y Francisco no se hablan desde hace mucho tiempo. ....
c ◗ ¿Le has dicho a Marisa que mañana no hay clase?
◗ No, lo siento, no se lo he dicho. ....
d Después de veinte años, Paula y Juan se vieron, pero no se reconocieron. ....
e Los niños se han resfriado a causa de tantos cambios de temperatura. ....
f Se cree que la crisis económica terminará pronto. ....

Ahora soy capaz de...

a ...expresar mi opinión sobre un tema.	Sí	No
b ...valorar un hecho.	Sí	No
c ...expresar acuerdo y desacuerdo.	Sí	No
d ...hablar de labores humanitarias utilizando el léxico adecuado.	Sí	No

Sigue practicando con... SPANISH.ORG Misión 5

Actividades interactivas

Unidad 6

COMO SI FUERA AYER

Comunicación
- Hablar de una acción futura respecto a otra pasada
- Expresar hipótesis en el pasado

Sesión de cine
- *Las 13 rosas*

Vocabulario
- Momentos históricos
- Memoria histórica

Gramática
- Pretérito imperfecto de subjuntivo
- Usos del pretérito imperfecto de subjuntivo: pedir o exigir formalmente
- Oraciones condicionales
- *Como si* + pretérito imperfecto de subjuntivo

Pronunciación y ortografía
- La grafía *h* y las palabras homófonas

Cultura
- Dos pintores, dos mundos

Literatura
- *Diles que no me maten*, de Juan Rulfo

Mis primeras imágenes.

¿Qué ves?

1 **Observa la imagen y contesta las preguntas.**

a ¿Quién es el bebé de la imagen?

b ¿Dónde está?

c ¿Por qué crees que están todas las fotos en la mesa?

d ¿Qué piensas al ver estas imágenes?

2 **¿Recuerdas alguna fotografía tuya o de tu familia que sea importante para ti? Coméntalo con el resto de compañeros.**

35 **3** **Escucha un programa de radio que habla sobre los recuerdos. ¿Qué mensaje se extrae de la experiencia de Miguel?**

a El primer amor es el mejor de todos.

b El amor verdadero dura para siempre.

c Amar no tiene edad.

4 **¿Sabes cómo se conocieron tus padres o tus abuelos? ¿Qué anécdotas contaron de esos primeros momentos?**

Comenzamos con un diálogo

35 **5** **Lee y escucha de nuevo el programa de radio. Después, completa la información.**

Locutor: Y tenemos hoy en nuestro espacio para la nostalgia a Miguel, español que lleva en México toda una vida y que viene esta tarde a contarnos cómo conoció a Valentina, su gran amor. Buenas tardes, Miguel, ¿cómo está?

Miguel: Buenas tardes, bien, muy bien... Encantado de estar aquí...

Locutor: Perfecto, Miguel. Si me permite, ¿cuántos años tiene usted?

Miguel: Cumpliré 87 en agosto.

Locutor: Está usted muy bien. Creo que su historia tiene que ver con un bolero...

Miguel: Pues mire, sí. Yo era joven allá en España, vivía en un pueblo pequeño y en las fiestas del pueblo salíamos a bailar con las chicas.

Locutor: Pero hay un día especial...

Miguel: Sí, claro. Un día salí con unos amigos. La orquesta era muy mala y nadie quería bailar. Entonces, vi a Valentina y **1** .... conmigo. Le dije: "**2** ...., empezaremos esta fiesta".

Locutor: Por favor, siga, siga, don Miguel. ¿Qué pasó?

Miguel: Pues que aceptó. Cuando me miró, pensé que estaría en mi vida para siempre. La orquesta estaba tocando un bolero y yo me enamoré en ese mismo instante. Pero nuestro amor no pudo ser entonces. Ese verano fue la última vez que la vi... hasta hace veinte años.

Locutor: ¡Qué pena! ¿De verdad? ¿Y por qué?

Miguel: Tuve que emigrar y ella se quedó allí. Todos me aconsejaron que **3** .... Fue muy duro. **4** ...., haría las cosas de manera diferente. Nunca pensé que la volvería a ver, pero resulta que hace veinte años nos encontramos en los bailes de salón de la Casa de España. La música de esta emisora sonaba en el salón. Nos acercamos, empezamos a bailar **5** ...., sin palabras. Desde entonces ya no nos hemos vuelto a separar.

6 **Relaciona las frases que has completado con su significado.**

a ☐ Dar un consejo.
b ☐ Expresar una condición posible.
c ☐ Expresar una situación imaginaria.
d ☐ Pedir algo.
e ☐ Expresar una condición irreal del pasado.

7 **Escribe un diálogo similar siguiendo las instrucciones. Después, representa la conversación con tu compañero/a.**

1	2	3	4	5	6
Eres un locutor/ra y haces una entrevista a un/a inmigrante de tu ciudad. Salúdalo/a.	Responde al saludo y se muestra contento/a.	Pregúntale por el recuerdo más importante de su juventud.	Te describe cómo era su vida en su país y los consejos que le dio su familia cuando decidió emigrar.	Pregúntale qué cambiaría si fuera joven otra vez.	Contesta. Se despide.

Actividades interactivas

Hablar por hablar COMUNICACIÓN

HABLAR DE UNA ACCIÓN FUTURA RESPECTO A OTRA PASADA

■ Para expresar una **acción futura respecto a otra pasada**, se usa el condicional:

Acción en el pasado		Acción futura dentro de ese pasado
– *Nunca pensé*		*la **volvería** a ver.*
– *Mi profesora me decía*	*que*	***sería** una fotógrafa de éxito.*
– *Sabía*		***me dedicaría** a la medicina.*

Recuerda:

- Para formar el condicional:
  Infinitivos en –**ar**, –**er**, –**ir** + ***ía***, ***ías***, ***ía***, ***íamos***, ***íais***, ***ían***.
- Algunos irregulares:
  tener ➜ ***tendría***, ***tendrías***,... poder ➜ ***podría***, ***podrías***,... hacer ➜ ***haría***, ***harías***,...

1 **Con la etiqueta *#cosasquenuncapensequeharia*, varias personas han subido sus comentarios. ¿Crees que están satisfechas con lo que han conseguido?**

●●●●○ 10:45 AM

Inicio Buscar en Twitter

María @Marith 1h
Nunca **pensé que podría** viajar sola. Fui el año pasado a ¡¡¡México!!! Allí conocí a la familia de mi tío abuelo que emigró después de la guerra.

Juan @Juangt 2h
Mi madre me **decía que** nunca **aprendería** a bailar. De pequeño no me gustaba. Ahora no solo me gusta, sino que disfruto compitiendo en los concursos de baile.

Lucía @Lucy 3h
De niña odiaba los idiomas, pero **sabía que viajaría** mucho. Ahora soy intérprete de cinco idiomas y viajo continuamente. ¡Estoy encantada!

David @Davidmk 5h
Pensaba que mi profesión **sería** la de periodista de grandes hechos históricos. No soy escritor, pero ahora tengo un blog donde escribo todo lo que me interesa y me gusta.

2 **Vuelve a leer los comentarios y completa como en el ejemplo.**

	Pensaba que	Sin embargo
1	Nunca pensó que viajaría sola.	Lo hizo.
2		
3		
4		

Cuaderno de ejercicios p. 47

3 **Imagina ahora lo que diría la familia de estos personajes cuando eran pequeños. Inventa una historia para ellos y coméntala en grupo.**

FOTO: MADRES DE FAMOSOS

Usuario | Contraseña

Albert_Einstein._Científico — 19 de agosto

....

....

....

Jennifer_Lopez._Cantante_y_actriz — 20 de agosto

....

....

....

Marc_Márquez._Piloto_de_motos — 23 de agosto

....

....

....

Sonia_Sotomayor._Jueza — 27 de agosto

....

....

....

4 **Añade ahora otro personaje famoso, un familiar, un amigo o tu propia historia. Compártela con la clase. ¿Cuál os ha gustado más?**

FOTO: MADRES DE FAMOSOS

Usuario | Contraseña

.... — 2 de septiembre

....

....

EXPRESAR HIPÓTESIS EN EL PASADO

- Para expresar hipótesis en el pasado, se usa:
  - El verbo en **condicional simple**:
    – *Ese día sería su cumpleaños. Cumpliría dos añitos.*
  - ***Yo diría que / Igual / A lo mejor***... + tiempo verbal de pasado en indicativo
    – *Jorge siempre llama cuando va a llegar tarde. Yo diría que le pasó algo.*
  - ***Puede*** (***ser***) ***que***... + tiempo verbal de pasado en subjuntivo
    – *Puede ser que se haya perdido.*
  - ***Es*** (***im***)***posible***/(***im***)***probable que***... + tiempo verbal de pasado en subjuntivo
    – *Es bastante probable que hayan decidido cambiar la hora de la cena.*
  - ***Lo más seguro***/***probable es que***... + tiempo verbal de pasado en subjuntivo
    – *Lo más seguro es que se haya olvidado la fecha.*

Hablar por hablar COMUNICACIÓN

5 **Observa las imágenes. Son momentos especiales. ¿Qué momento del pasado representan? ¿Por qué crees que son importantes para sus protagonistas? Haz tus hipótesis siguiendo el cuadro anterior.**

6 **Otros estudiantes han hecho sus hipótesis sobre las imágenes. En parejas, elegid el verbo correcto en cada caso.**

1 Yo creo que esta fotografía **1 sería** / **sea** del día de su boda. Este es el momento en el que le tiraban el arroz. Diría que aquel día **2 fue** / **sea** un día muy especial en su vida, por eso ella lo recuerda con cariño. Lo más seguro es que después de un buen banquete **3 se han ido** / **se hayan ido** de luna de miel.

2 Puede que estas personas **4 han viajado** / **hayan viajado** por primera vez al extranjero. Por eso era un momento muy especial para ellos. Yo diría que **5 eran** / **hayan sido** amigos de la infancia y cuando terminaron la universidad decidieron hacer un viaje juntos.

3 Igual **6 fue** / **sea** el momento en el que le regalaron el gatito. **7 Estaría** / **Esté** jugando en el jardín cuando llegaron sus padres con la sorpresa. ¡Qué graciosa foto! Yo tengo una prácticamente igual.

4 ¡Ay, qué recuerdos del día de Reyes! Por su cara, es posible que no le **8 ha gustado** / **haya gustado** mucho el regalo, je, je. Cuando somos niños, este día no se olvida. Y, de hecho, siempre soñamos con volver a ser niño para tener esta ilusión.

5 Veo a un grupo de amigos cenando. Lo más probable es que esta persona **9 ha salido** / **haya salido** con sus compañeros de trabajo para la comida de fin de año. **10 Tendría** / **Tengan** muy buenos recuerdos. Igual porque en aquella cena **11 conoció** / **haya conocido** al amor de su vida.

36 **7** **A continuación escucha los testimonios de los protagonistas de las fotografías. ¿Con qué imagen se corresponde cada uno? ¿Coinciden con las respuestas anteriores?**

8 **Busca ahora una imagen importante para ti. Muéstrala a la clase y deja que tus compañeros formulen sus hipótesis sobre ese día.**

Cuaderno de ejercicios p. 48   Actividades interactivas

Sesión de cine VÍDEO

Título: Las 13 rosas.
Año: 2007.
País: España.
Género: Drama.
Director: Emilio Martínez Lázaro.
Intérpretes: Pilar López de Ayala, Verónica Sánchez, Marta Etura, Nadia de Santiago, Bárbara Lennie, Goya Toledo, Gabriella Pession, Félix Gómez, Fran Perea, Enrico Lo Verso, Miren Ibarguren, Asier Etxeandía y Alberto Ferreiro.
Secuencias: 00:19:24 – 00:20:50
00:25:07 – 00:27:55

SINOPSIS

El 1 de abril de 1939 termina la guerra civil española. Temiendo la sangrienta represión que se acercaba, muchos huyen del país, pero otros no pueden o no quieren, como las jóvenes protagonistas de esta historia real.

Las detuvieron al mes de acabar la guerra. Sufrieron duros interrogatorios policiales y, finalmente, fueron trasladadas a la cárcel. A las trece detenidas, a las que sus compañeras bautizaron como "las menores" por su corta edad, las acusaron de rebelión y de haber planeado un atentado contra Franco, un atentado irreal pero que daba base a la acusación.

1 **¿Qué sabes de la guerra civil española? ¿Qué bandos pelearon? Habla con tus compañeros.**

2 **Observa las siguientes escenas y contesta las preguntas. Trabaja con tu compañero/a.**

a ¿Dónde están Blanca y su familia?
b ¿Qué están haciendo?
c ¿Qué están haciendo estas mujeres?

d ¿Cuál es el estado de ánimo de Juan? ¿Por qué?
e ¿Qué relación crees que hay entre ellos?
f ¿Por qué crees que Blanca ha ido a esta casa?
g ¿Qué le entrega a Juan?

3 **Ve la secuencia de la película y haz las actividades que te va a repartir tu profesor/a.**

Secuencia de película   Actividades interactivas

Palabra por palabra VOCABULARIO

Momentos históricos

1 **Fíjate en estos momentos históricos de España e Hispanoamérica y relaciona las palabras en negrita con su definición.**

1 La **Guerra** de las Malvinas (Argentina).
2 El **Tratado** de Paz, Amistad y Límites (Bolivia y Paraguay).
3 Guerra Civil y **dictadura** de Franco (España).
4 **Inicio** de la Revolución mexicana (México).
5 **Revolución** cubana (Cuba).
6 **Golpe de Estado** y asesinato del presidente Allende (Chile).

a Acuerdo oficial entre países con la finalidad de establecer normas de relación.
b Rebelión de militares contra el gobierno legal de un país para hacerse con el control.
c Acción de protesta ante una situación política o social que quiere cambiarse.
d Lucha armada entre dos o más países, o entre grupos contrarios de un mismo país.
e Comienzo, principio de un hecho.
f Régimen político que concentra todo el poder en una persona.

2 **Lee los textos sobre estos acontecimientos y ordénalos cronológicamente.**

a ☐

La Guerra de las Malvinas se originó cuando Argentina, en 1982, ocupó militarmente estas islas en **poder** del gobierno británico. Inglaterra movilizó su fuerza militar con el **apoyo** de EE.UU. y las tropas argentinas **se rindieron** dos meses y medio después. En el año 1990 empezaron de nuevo las relaciones diplomáticas entre los dos países.

b ☐

Fidel Castro **lideró** la Revolución cubana que en el año 1959 acabó con la dictadura de Fulgencio Baptista. Ernesto "Che" Guevara, que murió ocho años después de la victoria de la revolución, fue la mano derecha de Fidel en la **lucha**.

c ☐

El presidente Salvador Allende, elegido democráticamente por el pueblo de Chile, fue asesinado en 1973 en el Golpe de Estado del general Augusto Pinochet, quien **gobernó** los siguientes quince años.

d ☐

La Guerra del Chaco **surgió** entre Bolivia y Paraguay en 1932 por la posibilidad de encontrar petróleo en esa zona. El **conflicto** terminó tres años después, en 1935, cuando se firmó en Argentina el Tratado de Paz y se estableció la frontera que **actualmente** separa estos dos países.

e ☐

En el año 1910 comenzó la Revolución mexicana, que surgió por la lucha de los **campesinos** en defensa de las tierras y de una **reforma agraria**. Francisco "Pancho" Villa y Emiliano Zapata fueron sus dos **líderes** famosos.

f ☐

En 1936 hubo un **alzamiento** militar liderado por el general Francisco Franco contra la II República española. En ese momento empezó la Guerra Civil, que **duró** tres años, y tras la cual España permaneció bajo la dictadura de Franco hasta 1975.

3 **Busca en las palabras destacadas de la actividad anterior las que se corresponden con estas definiciones.**

a Rebelión: ....
b Comenzó: ....
c Protección: ....
d Hoy en día, ahora: ....
e Abandonaron la lucha: ....
f Tuvo lugar durante un periodo de tiempo: ....

4 **Forma otras palabras de la misma familia. Trabaja con tu compañero/a.**

	Verbo		Sustantivo
a	....	←	el alzamiento
b	liderar	→	....
c	firmar	→	....
d	....	←	el comienzo
e	finalizar	→	....
f	....	←	el triunfo
g	....	←	el apoyo
h	asesinar	→	....

5 **Lee de nuevo el texto y escribe el acontecimiento exacto para cada una de las fechas.**

a 1910 → El comienzo de la Revolución mexicana.
b 1935 → .... del Tratado de Paz entre Bolivia y Paraguay.
c 1959 → .... de la Revolución cubana.
d 1973 → .... de Salvador Allende.
e 1975 → .... de la dictadura de Franco.
f 1990 → .... de las relaciones diplomáticas entre Inglaterra y Argentina.

Monumento a la Guerra de las Malvinas

Tratado de Paz entre Bolivia y Paraguay

Monumento a la Revolución mexicana

6 **Habla sobre dos acontecimientos históricos de tu país y da algunos detalles de los mismos usando las palabras aprendidas.**

Cuaderno de ejercicios p. 48

Palabra por palabra VOCABULARIO

Memoria histórica

7 **¿Qué significa la expresión "memoria histórica"? ¿Crees que es importante recordar o por el contrario es mejor dejar atrás el pasado? Habla con tus compañeros.**

8 **Lee este texto sobre el trabajo que está realizando la Asociación para la Recuperación de la Memoria Histórica en España.**

La Asociación para la Recuperación de la Memoria Histórica (ARMH) es el nombre de un colectivo que busca **preservar** el recuerdo de las violaciones de los derechos humanos que se cometieron en España durante la Guerra Civil y posteriores años de la dictadura de Franco. La Asociación espera que Naciones Unidas obligue al gobierno español a abrir las **fosas comunes** donde se encuentran los restos de personas que desaparecieron en los años de la guerra (1936-1939).

Como han hecho otros países, la ARMH quiere que los restos de estas personas sean devueltos a sus familiares para que puedan recibir una **sepultura** digna. Aunque no hay datos precisos, se estima que puede haber unos 30 000 desaparecidos a lo largo de la Guerra Civil, según las investigaciones realizadas a través de archivos militares. Hasta 1942, la asociación calcula que unas 150 000 personas pudieron fallecer en actos de **represalia**, **campos de concentración**, prisiones o **trabajos forzados**.

A través de estos últimos, que continuaron hasta la década de los 50, se construyeron en España embalses, canales, prisiones, viaductos y vías de tren. Las personas obligadas a hacer trabajos forzados tuvieron que realizar las tareas más duras, fueron **explotadas** por empresas privadas y recibieron tan solo el 25% del salario que les correspondía.

9 **Observa las palabras destacadas del texto y relaciónalas con su significado.**

a .... → Labor que realiza una persona por obligación como parte de su sentencia.

b .... → Venganza que se adopta en nombre del Estado.

c .... → Lugar donde se entierra a un cadáver.

d .... → Proteger, conservar de un daño o peligro.

e .... → Forzado a hacer una cantidad de trabajo superior a la que se considera normal.

f .... → Hoyo en la tierra para enterrar a múltiples cadáveres.

g .... → Lugar en el que se obliga a vivir a un número de personas como prisioneros, normalmente por razones políticas.

10 **Responde verdadero (V) o falso (F) según lo que has leído en el texto anterior.**

a Hay familias en España que aún no han encontrado los cuerpos de sus familiares muertos en la Guerra Civil. (V) (F)

b El gobierno español está colaborando para que se encuentren los cuerpos de los desaparecidos. (V) (F)

c Solo hubo represalias durante la Guerra Civil. (V) (F)

d Muchas personas fueron obligadas a realizar trabajos muy duros a cambio de poco dinero. (V) (F)

11 **Hay otras palabras que ayudan a definir las consecuencias directas de la guerra. En parejas, buscad su significado. ¿Con qué conflicto actual asocias estas palabras?**

- Exilio ➜ ....
- Refugiado/a ➜ ....
- Acoger ➜ ....
- Campamento ➜ ....

12 **Responde a las preguntas. Habla con tus compañeros.**

a ¿Crees que es importante recordar la historia? ¿Por qué?

b ¿Existe algún movimiento o actividad similar en tu país?

c ¿Te parece útil esta iniciativa?

d ¿Conoces bien la historia reciente de tu país? ¿Tus padres y abuelos te hablan o te hablaron alguna vez de los acontecimientos históricos más importantes que han vivido o vivieron? Cuéntanos alguno.

Cuaderno de ejercicios p. 49 Actividades interactivas

Paso a paso

GRAMÁTICA

PRETÉRITO IMPERFECTO DE SUBJUNTIVO

- El pretérito imperfecto de subjuntivo se forma eliminando el ***–ron*** de la tercera persona del plural del pretérito indefinido y añadiendo ***–ra*** o ***–se*** en su lugar:
  – *practica**ron*** → *practica**ra** / practica**se*** – *fue**ron*** → *fue**ra** / fue**se***

-AR	-ER	-IR
practicar	**beber**	**decidir**
practica**ra**	bebie**ra**	decidie**ra**
practica**ras**	bebie**ras**	decidie**ras**
practica**ra**	bebie**ra**	decidie**ra**
practicá**ramos**	bebié**ramos**	decidié**ramos**
practica**rais**	bebie**rais**	decidie**rais**
practica**ran**	bebie**ran**	decidie**ran**

! Este tiempo verbal tiene también esta forma:

Practicar: *practica**se**, practica**ses**, practica**se**, practicá**semos**, practica**seis**, practica**sen**.*

Beber: *bebie**se**, bebie**ses**, bebie**se**, bebié**semos**, bebie**seis**, bebie**sen**.*

Decidir: *decidie**se**, decidie**ses**, decidie**se**, decidié**semos**, decidie**seis**, decidie**sen**.*

- Los **verbos irregulares** en pretérito mantienen la irregularidad en todas las personas:
  – *pudieron* → *pudiera*
  – *pidieron* → *pidiera*
  – *construyeron* → *construyera*

Videogramas

- La correlación de tiempos en relación al pasado es la siguiente:
  – *Antes **tenía*** (imperfecto) *miedo de que las clases **fueran** difíciles.*
  – *Raquel me **llamó*** (pretérito) *para que la **acompañara** a clase.*
  – ***Sería*** (condicional) *genial que todos **pudiéramos** pasarlo bien.*

- Se usa de forma muy similar al presente de subjuntivo (para expresar opinión, emociones, deseos, etc.), pero cuando se habla en pasado o en situaciones hipotéticas. Compara las siguientes frases:
  – *Es importante que respetes las normas.* → *Sería importante que respetaras las normas.*
  – *No creo que sea buena idea dejar el gimnasio.* → *No creía que fuera buena idea dejar el gimnasio.*

1 **Completa las frases con las formas de pretérito imperfecto de subjuntivo. Después, decide si la frase expresa una prohibición, una orden o petición o un consejo.**

	Prohibición	Orden y petición	Consejo
a El gobierno recomendó que los ciudadanos .... (mantenerse) tranquilos cuando hubo el alzamiento militar.	☐	☐	☐
b Durante la dictadura chilena no estaba permitido que .... (agruparse, ellos) en partidos políticos.	☐	☐	☐
c Les agradecería que .... (reconocer) que se equivocaron robando la libertad a nuestro país.	☐	☐	☐
d Estaba prohibido que .... (hacerse) apología del terrorismo.	☐	☐	☐
e Me gustaría que .... (prestar) atención a la gente y .... (tomar) medidas para asumir la historia de nuestro país con respeto.	☐	☐	☐
f Exigiría que .... (descubrir, ellos) las fosas comunes y .... (devolver, ellos) los restos a las familias.	☐	☐	☐

Cuaderno de ejercicios p. 49

USOS DEL PRETÉRITO IMPERFECTO DE SUBJUNTIVO: PEDIR O EXIGIR FORMALMENTE

- Para **pedir o exigir formalmente**, se usa:
  - ***Me gustaría que*** + imperfecto de subjuntivo
    – *Me gustaría que los campos de concentración no existieran.*
  - ***Sería conveniente que*** + imperfecto de subjuntivo
    – *Sería conveniente que las familias de desaparecidos encontraran a sus familiares.*
  - ***Le(s) pediría/agradecería que*** + imperfecto de subjuntivo
    – *Pediría que la ONU ayudara a la Asociación de la Memoria Histórica.*
  - ***¿Le importaría que*** + imperfecto de subjuntivo**?**
    – *¿Le importaría que hiciéramos una comparación con otras dictaduras?*

2 **Lee ahora el testimonio de varios españoles sobre el tema de la memoria y completa los textos.**

TESTIMONIOS SOBRE LA MEMORIA HISTÓRICA

Usuario | Contraseña

1

 # Alberto 13 de febrero

¿Cómo se puede explicar que, 40 años después de la muerte del dictador, sigan todavía en fosas comunes unas 130 000 víctimas de aquel régimen? Me gustaría que esta situación **a** .... (cambiar) y se **b** .... (poder) descubrir esas fosas comunes, no con la iniciativa privada sino con la colaboración del gobierno de un país que asume su historia.

2

 # Raúl 15 de febrero

¿Para qué ahora resucitar el pasado? El pasado, pasado está. Le pediría a todos que **c** .... (olvidar) el dolor por el pasado y **d** .... (mirar) hacia delante, para construir un país fuerte.

3

 # Víctor 20 de febrero

¿Cómo puede España mantener la cabeza erguida sin hacer nada respecto a los iconos que apoyan y enaltecen un régimen totalitario? Sería conveniente que **e** .... (desaparecer) los símbolos que alaban un comportamiento poco ético, como se ha hecho en otros países de Europa.

4

 # María 5 de marzo

En mi opinión, es un tema de justicia para todos los españoles. Somos un pueblo que vive una democracia estable y segura. Todos hemos trabajado bien para ello. Entonces, ¿a quién le importaría que las autoridades **f** .... (hacer) lo que se ha hecho ya en muchos otros lugares?

3 **En grupos, completad el siguiente cuadro con temas que creéis que tienen que mejorar en vuestra región, en vuestro país o en el mundo. Después, escribid una petición formal exigiendo su mejora.**

En mi estado	En mi país	En el mundo
Exigimos	Exigimos	Exigimos

Cuaderno de ejercicios p. 51

Paso a paso **GRAMÁTICA**

ORACIONES CONDICIONALES

Ya has aprendido diferentes formas de expresar hipótesis en español. En esta sección aprenderás a expresar condiciones probables y poco probables con la partícula ***si***. Compara las siguientes frases que ilustran estos dos tipos de condiciones:

– *Si tengo 10 euros, te los dejo.* (Es posible que yo tenga el dinero)
– *Si tuviera 10 000 euros, te los dejaría.* (Yo no tengo el dinero)

- Condicionales probables:
  - ***Si*** + presente de indicativo + futuro / presente / imperativo
    – *Si gano suficiente dinero este verano, haré / hago / haz un viaje por toda Europa.*
- Condicionales poco probables:
  - ***Si*** + pretérito imperfecto de subjuntivo + condicional
    – *Si ganara suficiente dinero este verano, haría un viaje por toda Europa.*

Videogramas

4 **Pregunta a tu compañero/a qué hace o qué va a hacer en estas situaciones.**

¿Qué haces si no puedes expresar tu opinión?
Si no puedo expresar mi opinión, lucho para que esto cambie.

a Te castigan en casa por algo que no has hecho.
b Te ponen una multa en la calle injustamente.
c Un amigo malinterpreta un comentario tuyo y se enfada contigo.
d Quieres comprar algo que te gusta mucho pero no tienes dinero para ello.
e Estás enfermo/a y tienes un examen muy importante.
f Te llaman de la televisión para participar en un programa.

5 **Lee las respuestas que han dado algunas personas en una encuesta sobre el dinero y la felicidad. ¿Con cuál de ellas te identificas más?**

a Si tuviera trabajo, se me acabarían muchos de los problemas que tengo.
b Si tuviera una tarjeta de crédito sin límite, no me preocuparía tanto.
c Si tienes alguien que te quiera y se preocupe por ti, entonces eres feliz.
d Si contara con buena salud, podría hacer de todo para alcanzar la felicidad.
e Si ayudo a la gente, me siento útil para los demás y eso me proporciona bienestar.
f Si tienes una familia unida, las cosas siempre son más fáciles.

Si tuviera trabajo, se me acabarían muchos de los problemas que tengo.

6 **Escribe en tu cuaderno cinco frases similares al ejercicio anterior para participar en la encuesta.**

7 **Imagina que no tienes ningún tipo de restricciones, ¿qué harías con respecto a los siguientes temas?**

- tus padres
- las vacaciones
- tu casa
- tu ropa
- tus abuelos
- los amigos
- esos amigos de tus amigos a los que no soportas
- tus profesores
- tus estudios
- los viajes
- el dinero

Si viviera más cerca de mi abuelo, lo visitaría cada semana.

Si los amigos de Carmen vinieran a cenar con nosotros, yo no les hablaría.

8 **Lee esta nota. ¿En qué circunstancia crees que recibirías una nota así? Comenta con tu compañero/a todas las posibilidades.**

Mucha suerte y presta mucha atención a todo lo que ocurra a tu alrededor; ya sabes que no hay nada mejor que la prudencia. Aquí todos estamos contigo.

Pues, no sé. Yo escribiría algo así si un amigo mío fuera a pasar una entrevista de trabajo, para darle ánimos y, de paso, algunos consejos sobre la observación y la prudencia, que nunca vienen mal.

9 **Completa el siguiente cuestionario. Después, hazle las preguntas a tu compañero/a y anota sus respuestas. ¿En qué habéis coincidido?**

8 preguntas que te harán pensar

a ¿Cómo de viejo/a te sentirías si no .... (saber) la edad que tienes?

b ¿Cuál es la primera cosa que .... (cambiar) en tu vida?

c Si .... (poder) ofrecerle a un niño un solo consejo, ¿cuál sería?

d Si tuvieras que ayudar a un ser querido, ¿................................ (violar) la ley?

e Si tu casa se .... (estar) incendiando y solo .... (poder) salvar una cosa, ¿cuál sería?

f Si supieras que el mundo se va a acabar mañana, ¿qué lugar .... (visitar)?

g Si .... (tener) que tatuarte ahora algo, ¿qué sería?

h ¿Qué .... (hacer) si supieras que nadie te va a juzgar por ello?

Cuaderno de ejercicios p. 52

Paso a paso

GRAMÁTICA

10 **Lee la conversación entre Rosa y Julia y fíjate en las diferentes funciones de *como* en español. Completa la explicación con ejemplos de la conversación.**

Rosa: Mira esta foto que encontré de antes de la guerra. Creo que es la abuela de mi madre con sus amigas en la playa.
Julia: ¡Qué trajes de baño llevan! Están vestidas como si fueran a una fiesta y no a bañarse.
Rosa: Es verdad. ¡O como si tuvieran frío!
Julia: Yo nunca iría así a la playa, ni que estuvieran en el Polo Norte.
Rosa: La pobre abuela, en aquellos tiempos tendría que vestirse como una señorita decente.

COMO SI + PRETÉRITO IMPERFECTO DE SUBJUNTIVO

- Cuando queremos describir algo, ya sean objetos, personas o acciones, nos ayudamos comparándolo con elementos semejantes y usamos la partícula ***como***.
  - *Escribes como un niño de seis años.*
  - a ....

- A veces, cuando queremos describir algo o una situación, usamos ideas o situaciones que no han pasado, son imaginarias, pero que nos ayudan a describir o explicar la situación. Para ello usamos ***como si*** + pretérito imperfecto de subjuntivo.
  - *Estás comiendo la tarta como si fueras un niño de seis años.* (Situación imaginaria = ser un niño de seis años)
  - *El niño comía la tarta como si fuera el único en la fiesta.* (Situación imaginaria = ser el único niño)
  - b ....
  - c ....

- ***Ni que*** + pretérito imperfecto de subjuntivo, sirve para comparar una acción con otra que sabemos que es imposible. Es sinónimo de *como si*, pero es más enfático, tiene más fuerza.
  - *No sé por qué estás tan nervioso, ni que fuera la primera vez que tienes un examen.* (Situación imaginaria = es el primer examen en la vida de un estudiante de universidad)
  - d ....

11 **En parejas, responded a las preguntas para explicar la siguiente frase: *Están vestidas como si fueran a una fiesta.***

a ¿Van a una fiesta realmente?
b ¿Qué parte de la frase es la real y la imaginaria?
c En "Como si fueran a una fiesta", ¿la acción se realiza antes, al mismo tiempo o después de la acción de la frase real?
d ¿Qué tiempo verbal acompaña a *como si*? ¿Por qué?
e ¿Es una comparación o una condición?

12 **Observa las imágenes y completa las frases utilizando *como si*. Utiliza como modelo la actividad 10 para escribir una conversación similar. Representadla en clase.**

Duerme...

Está contenta...

Se ríen...

Cuaderno de ejercicios p. 52 Actividades interactivas

Suena bien

PRONUNCIACIÓN Y ORTOGRAFÍA

La grafía *h* y las palabras homófonas

1 ¿Sabes cómo se pronuncian las siguientes palabras? Por turnos, leed las palabras en voz alta.

hospital	himno	Honduras
haber	hecho	hueco
hoja	hiena	hierro
helado	historia	zanahoria
almohada	inhalar	rehén

2 Completa con la palabra adecuada. Trabaja con tu compañero/a.

LA GRAFÍA *H*

- En español la ***h*** es una letra **a** .... , es decir, que no tiene sonido ni al **b** .... ni en medio de la palabra: *hola, huelga, hambre, ahora*.
- A veces el contacto de la ***h*** con algún grupo vocálico produce un **c** ...., como es el caso del grupo hi + e, que lo podemos pronunciar como */ye/*: *hielo, hierba, hierro*.

3 Mira ahora las palabras *tuvo/tubo* en las siguientes frases. Después, lee el cuadro y elige la opción correcta en cada caso.

a **Tuvo** mucha suerte.

b El **tubo** de pasta de dientes se ha terminado.

LAS PALÁBRAS HOMÓFONAS

- Las palabras homófonas son palabras con ▢ **distinto** / ▢ **el mismo** significado que suenan ▢ **diferente** / ▢ **igual**, pero que se escriben de forma ▢ **diferente** / ▢ **igual**.

4 A causa de la *h*, en español hay muchas palabras homófonas. En parejas, explicad qué significan y poned un ejemplo de cada uno de ellos.

a Ola: *Onda del mar. Hay unas olas estupendas para hacer surf.*
Hola: ....

b Abría: ....
Habría: ....

c A ver: ....
Haber: ....

d Hay: ....
Ahí: ....

37 **5 Haz el siguiente dictado en tu cuaderno.**

Cuaderno de ejercicios p. 53 Actividades interactivas

Mundo hispano

Cultura

DOS PINTORES, DOS MUNDOS

1 **¿Qué sabes de Frida Kahlo y Salvador Dalí? Lee ambas biografías y comprueba tus respuestas. ¿Qué autor te parece más interesante?**

Salvador Dalí

Pintor español que nació en 1904 en Figueras (España). Sus veranos en Cadaqués, un pequeño pueblo de pescadores, fueron lo mejor de su infancia y a menudo reflejó su paisaje y recuerdos en sus cuadros. De 1929 a 1936 fue la etapa más fructífera de su vida, donde pintó cualquier "pensamiento automático" que le pasaba por la cabeza. Encontró su propio estilo, el "método paranóico-crítico", y conoció al amor de su vida: Gala. Diseñó escaparates y decorados, creó sus primeros objetos surrealistas y salió a la calle pintado de azul o con un geranio tras la oreja. Durante la Segunda Guerra Mundial se exilió con Gala a Estados Unidos durante ocho años y conquistaron Nueva York. El estallido de la bomba atómica sobre Hiroshima le impresionó tanto que los fenómenos científicos y la física nuclear ocuparon el centro de su atención. Sus largos bigotes, desde los que recibía mensajes desde el espacio, y sus bastones alcanzaron una fama mundial. A partir de 1970 se dedicó a su último gran sueño: montar su propio museo en el edificio del antiguo teatro de Figueras. Diseñó el museo como una gran autobiografía: una especie de cueva de "Dalí-Babá" que narra las distintas visiones del mundo que tuvo a lo largo de la vida... Murió en 1989 y fue enterrado en su museo de Figueras.

Museo Dalí. Figueras

Frida Kahlo

Pintora mexicana que nació en Coyoacán (México) en 1907. Sin embargo, Frida siempre dijo que nació en 1910, año de la revolución mexicana. En 1925, un grave accidente de tranvía la dejó con lesiones permanentes durante toda su vida y tuvo que someterse a 32 operaciones quirúrgicas. El aburrimiento y la soledad de la época de su recuperación la llevaron a pintar numerosos autorretratos. Años más tarde, en 1929, se casó con Diego Rivera, con el que mantuvo una relación basada en el amor, la infidelidad, el vínculo creativo y el odio. Se divorciaron para volverse a casar un año después. Al matrimonio lo llamaron la unión entre un elefante y una paloma, porque Diego era enorme y obeso, y Frida pequeña y delgada.

El poeta y ensayista surrealista André Bretón definió la obra de Frida como surrealista, pero ella lo negó afirmando que nunca pintó sus sueños, sino su propia realidad. Murió en Coyoacán en 1954, fue incinerada y sus cenizas se encuentran en la Casa Azul de Coyoacán.

Autorretrato

2 **Lee la descripción de tu pintura y cuéntasela a tu compañero/a. Después, contesta las preguntas, según lo que tu compañero/a te ha contado.**

Alumno A

Galatea de las Esferas (1952). Salvador Dalí reflejó en este cuadro tres de sus obsesiones: su mujer Gala, la ciencia y el misticismo. Dalí tenía mucho interés por la ciencia, los experimentos nucleares, los avances en el estudio del ADN, la luz y la física cuántica.

En 1951 publicó *Manifiesto místico*, donde expresó su interés por los fenómenos nucleares. En esta pintura combinó la parte espiritual, con el retrato místico de Gala y la ciencia, reflejada en los átomos que desintegran la materia.

Diego y yo, de Frida (1949)

- **a** ¿En qué momento pintó Frida este autorretrato?
- **b** ¿Quién fue María Félix?
- **c** ¿Qué simboliza el largo cabello rodeando el cuello de Frida?
- **d** ¿Cómo se refleja en el cuadro la obsesión de Frida por su marido?

Alumno B

Diego y yo (1949). Frida Kahlo pintó este autorretrato cuando su marido, Diego Rivera, tenía una aventura con la estrella de cine María Félix, que además era amiga íntima de Frida. Esta pintura refleja sus sentimientos. Ella llora porque está rota de dolor. Su cabello enredado en su cuello simboliza ese dolor que la está estrangulando. La obsesión que siente por su marido se refleja en la imagen de este en su frente que, a pesar de sus infidelidades, le sigue amando.

- **a** ¿Qué obsesiones representada Dalí en este cuadro?
- **b** ¿Qué dos vertientes se combinan en el cuadro?
- **c** ¿Qué acontecimientos científicos influyeron en su obra?
- **d** ¿En qué se basa su *Manifiesto místico*?

Galatea de las esfera, de Dalí (1952)

CINE

Salma Hayek representó el papel de la famosa pintora mexicana en la película *Frida*, que estuvo nominada a seis Premios Oscar. Madonna y Jennifer Lopez estuvieron interesadas en protagonizar esta película.

Cuaderno de ejercicios p. 53 Actividades interactivas

Érase una vez... LITERATURA

1 **¿Conoces a Juan Rulfo? ¿Qué sabes de él? Lee los siguientes datos biográficos de este autor.**

Juan Rulfo

Fue uno de los grandes escritores latinoamericanos del siglo XX.

Perteneció al movimiento literario llamado "realismo mágico", y en sus obras se presenta una combinación de realidad y fantasía, con escenarios americanos y con personajes típicos del lugar.

Su fama se asienta en dos pequeños libros: *El llano en llamas* (1953) y *Pedro Páramo* (1955).

2 ***Diles que no me maten*** **es el título de una novela de este escritor mexicano. Según tu opinión, ¿de qué crees que trata?**

- **a** La vida de los campesinos en la Revolución mexicana.
- **b** La vida de los campesinos en la guerra civil española.
- **c** La vida de los campesinos en la Revolución cubana.

Rulfo

38 **3** **Escucha y lee el fragmento de la novela.**

Diles que no me maten

Juvencio: ¡Diles que no me maten, Justino! Anda, vete a decirles eso. Que por caridad. Así diles. Diles que lo hagan por caridad.

Justino: No puedo. Hay allí un sargento que no quiere oír hablar nada de ti.

Juvencio: Haz que te oiga. Date tus mañas y dile que para sustos ya ha estado bueno. Dile que lo haga por caridad de Dios.

Justino: No se trata de sustos. Parece que te van a matar de *a de veras*. Y yo ya no quiero volver allá.

Juvencio: Anda otra vez. Solamente otra vez, a ver qué consigues.

Justino: No. No tengo ganas de ir. Según eso, yo soy tu hijo. Y, si voy mucho con ellos, acabarán por saber quién soy y les dará por *afusilarme* a mí también. Es mejor dejar las cosas de ese tamaño.

Juvencio: Anda, Justino. Diles que tengan tantita lástima de mí. *Nomás* eso diles. (Justino apretó los dientes y movió la cabeza). No. (Y siguió sacudiendo la cabeza durante mucho rato). Dile al sargento que te deje ver al coronel. Y cuéntale lo viejo que estoy. Lo poco que valgo. ¿Qué ganancia sacará con matarme? Ninguna ganancia. Al fin y al cabo él debe de tener un alma. Dile que lo haga por la bendita salvación de su alma.

Justino: (*Se levantó de la pila de piedras en que estaba sentado y caminó hasta la puerta del corral. Luego se dio vuelta*). Voy, pues. Pero si me *afusilan* a mí también, ¿quién cuidará de mi mujer y de los hijos?

Juvencio: La Providencia, Justino. Ella se encargará de ellos. Ocúpate de ir allá y ver qué cosas haces por mí. Eso es lo que urge.

(*Diles que no me maten*, Juan Rulfo)

4 **De acuerdo con lo que acabas de leer, marca las frases que son correctas.**

a ☐ Juvencio es el padre de Justino.
b ☐ Justino es el padre de Juvencio.
c ☐ A Juvencio lo van a fusilar.
d ☐ A Justino lo van a fusilar.
e ☐ Juvencio tiene esposa e hijos.
f ☐ Justino tiene esposa e hijos.
g ☐ Juvencio y Justino son campesinos.
h ☐ Juvencio y Justino son soldados.

5 **¿Cómo piensas que se ha llegado a esta situación? Habla con tus compañeros y elabora una versión de la historia. Compárala con la de otros compañeros en clase.**

39 **6** **Escucha a continuación el argumento de la obra y contesta las preguntas.**

a ¿Quiénes estaban enemistados?
b ¿Cuál era la causa de esta pelea?
c Finalmente, ¿qué desató y cuál fue el dramático final?
d ¿Cómo vivió Juvencio?
e ¿Le sirvió para algo la decisión que tomó de cómo vivir su vida?
f ¿Coincide el argumento real del cuento con lo que habían imaginado?

7 **Busca más información en Internet sobre el escritor Juan Rulfo y trata de responder a estas preguntas.**

a ¿De qué época es? ¿En qué movimiento literario se encuadra? ¿Te gustaría leer alguna de sus obras?
b Asistió a la universidad? ¿Por qué temas sentía gran curiosidad y en cuáles se especializó?
c ¿Fueron importantes sus fotografías? ¿De qué trataban?
d ¿Ha tenido repercusión internacional o solo es conocido en el mundo hispano?
e ¿De qué época es y en qué movimiento literario se encuadra?

Actividades interactivas

Me preparo para el DELE

Prueba de comprensión de lectura

1 **Lee el texto y elige una de las opciones (a, b, c).**

¿Dónde están los 43 estudiantes desaparecidos de Ayotzinapa?

El 26 de septiembre de 2014, 43 estudiantes universitarios de la Escuela Normal Rural de Ayotzinapa, en México, fueron secuestrados. Su desaparición se convirtió en el detonante de distintas manifestaciones nacionales. Además de formar maestros, a la universidad rural para maestros del estado de Guerrero se la conoce por su activismo político. Se sabe que la policía ha discutido con los manifestantes estudiantiles en el pasado. A medida que el controvertido caso acapara los titulares mundiales, los familiares y compañeros de clase de los estudiantes marchan en manifestaciones y llevan grandes fotos de sus rostros, comparten sus historias y exigen justicia. Carmelita Cruz llora mientras describe a su hijo menor, Jorge Aníbal Cruz Mendoza, de 19 años. Cuando los investigadores comenzaron a investigar la desaparición de los estudiantes, algunos sugirieron que podrían estar relacionados con las pandillas. No es cierto, dice Cruz. "Creo que el gobierno es culpable. Pero, obviamente, quieren lavarse las manos y culpar a los que no son responsables", dice. En un cuaderno de espiral que todavía permanece en su dormitorio universitario, Julio César López Patolzin, de 25 años, documentó sus primeros días en la universidad. Escribió: "Ingresé a esta universidad por la sencilla razón de que mis padres son campesinos con pocos recursos y también tengo que ser responsable académicamente". Menos de un mes más tarde, desapareció. Ahora solo queda un estudiante en ese piso de la residencia de estudiantes. El último estudiante que queda viviendo allí dice que no se irá porque está esperando que sus compañeros regresen.

(Adaptado de *http://cnnespanol.cnn.com/2014/11/14/quienes-son-los-43-estudiantes-desaparecidos-de-mexico*)

1 Tras la desaparición de los jóvenes...
   - a el gobierno exige justicia.
   - b hubo manifestaciones en todo México.
   - c la policía ha actuado en las manifestaciones.

2 La universidad rural...
   - a es conocida por su activismo político.
   - b tiene una gran reputación en todo el país.
   - c es famosa por sus conflictos entre los estudiantes.

3 Los familiares de las víctimas...
   - a creen que los desaparecidos nunca volverán.
   - b quieren protestar con manifestaciones en todo el país.
   - c sospechan que el gobierno es el responsable de las desapariciones.

Prueba de comprensión auditiva

40 **2** **Vas a escuchar a un periodista hablando sobre un hecho histórico importante y marca únicamente los enunciados que haya mencionado.**

- a El acontecimiento ocurrió en México en el año 1968.
- b El periodista había empezado a trabajar hacía poco tiempo.
- c Las autoridades no censuraron la información.
- d Hoy todavía no se sabe el número exacto de fallecidos.
- e Todo empezó con una pelea entre estudiantes del IPN y de la UNAM.
- f La manifestación en la Plaza de las Tres Culturas fue el día 12 de octubre.
- g Durante los Juegos Olímpicos pararon las manifestaciones y protestas.

Cuaderno de ejercicios p. 54 · Actividades interactivas

¡Me lo sé!

EVALUACIÓN

1 Completa las frases.

__/4

a Nunca pensé que .... sola. Pero el pasado verano fui a Sudáfrica.
b Mi madre me decía siempre que .... un médico excelente.
c Nunca creí que .... en un equipo profesional. De pequeño jugaba fatal.
e Siempre supe que .... un perro. Me encantan los animales.

2 Marca las frases correctas.

__/5

a ☐ Yo diría que estuvieran celebrando el cumpleaños.
b ☐ Puede que fuera el cumpleaños del niño.
c ☐ Lo más seguro es que fueran madre e hijo.
d ☐ Es probable que el niño recibió regalos.
e ☐ A lo mejor había más familiares con ellos.

3 Escribe estos verbos en pretérito imperfecto de subjuntivo.

__/4

a Practicar, nosotros: ....
b Decidir, ella: ....
c Beber, yo: ....
d Poder, ellos: ....

4 Relaciona las siguientes frases.

__/4

1 Si tuviera un buen trabajo... •
2 Si las guerras terminaran... •
3 Si fuera verano... •
4 Si hablara un poco más... •

• a podría ir a la playa a tomar el sol.
• b sería más feliz.
• c mucha gente dejaría de sufrir.
• d podríamos entender lo que le ocurre.

5 Completa las frases.

__/4

a ¡Qué calor hace! Es como si .... verano.
b ¿Por qué se viste así Pedro? Ni que .... 10 años.
c Pues no me acuerdo de nada. Es como si lo .... olvidado todo.
d Elisa no me cuenta nada. Es como si no .... hablar de ello.

Ahora soy capaz de...

a ...pedir y dar consejo. Sí No
b ...pedir y exigir formalmente. Sí No
c ...expresar condicionales probables y poco probables. Sí No
d ...comprender y usar palabras relacionadas con los momentos de la historia. Sí No

Sigue practicando con... SPANISH.ORG Misión 6

Actividades interactivas

UNIDAD 1

PRETÉRITO PERFECTO

Usos del pretérito perfecto

- El pretérito perfecto de indicativo se usa para hablar de acciones pasadas relacionadas con el presente (*hoy*, *esta mañana*, *en mi vida*, etc.).
  – *Esta semana he tenido un problema con mi coche.*
- Además, el pretérito perfecto expresa una experiencia realizada.
  – *He estado en Londres.*

Formación del pretérito perfecto

- Este tiempo verbal se forma con el presente del verbo auxiliar ***haber*** más el participio del verbo principal.

	Presente del verbo *haber*	Participios regulares: **trabajar**	**beber**	**vivir**
yo	**he**			
tú	**has**			
él/ella/usted	**ha**	trabaj**ado**	beb**ido**	viv**ido**
nosotros/as	**hemos**			
vosotros/as	**habéis**			
ellos/ellas/ustedes	**han**			

- Participios irregulares:

poner → **puesto**	decir → **dicho**	ver → **visto**
volver → **vuelto**	romper → **roto**	descubrir → **descrito**
morir → **muerto**	escribir → **escrito**	componer → **compuesto**
hacer → **hecho**	abrir → **abierto**	deshacer → **desecho**

- Recuerda que los participios en los tiempos compuestos no varían ni en género ni en número.
  – ***Pedro*** *ha* ***venido*** *ya.*
  – ***Luisa y Susana*** *han* ***venido*** *ya.*

Referencias temporales

- Con el pretérito perfecto usamos los siguientes marcadores temporales:

– ***hoy***	– ***todavía no / ya***	– ***esta/e mañana/mes/año***
– ***hasta ahora***	– ***últimamente***	– ***nunca***
– ***siempre***	– ***¿alguna vez...?***	– ***¿cuántas veces...?***

- El pretérito perfecto, cuando hablamos de experiencias personales, normalmente lo usamos con *ya*, *todavía no*, *alguna vez*, *nunca*, etc.
  – *¿Has estado alguna vez en Perú?*

PRETÉRITO INDEFINIDO

Usos del pretérito indefinido

- El pretérito indefinido lo usamos para hablar de acciones puntuales que empezaron y terminaron en un pasado no relacionado con el presente (*ayer*, *el año pasado*, *en 2007*, etc.).
  Ayer fui a clase.
- También lo usamos para hablar del número de veces que sucedió una acción en el pasado.
  – *El año pasado fui varias veces al teatro.*
- El indefinido interrumpe una situación en el pasado.
  – *Estábamos comiendo en casa cuando llamó mi madre por teléfono.*

Formación del pretérito indefinido

- Verbos regulares

	trabajar	**beber**	**vivir**
yo	trabaj**é**	beb**í**	viv**í**
tú	trabaj**aste**	beb**iste**	viv**iste**
él/ella/usted	trabaj**ó**	beb**ió**	viv**ió**
nosotros/as	trabaj**amos**	beb**imos**	viv**imos**
vosotros/as	trabaj**asteis**	beb**isteis**	viv**isteis**
ellos/ellas/ustedes	trabaj**aron**	beb**ieron**	viv**ieron**

- Verbos irregulares
  – Verbos irregulares en la 3.ª persona.

(e ➔ i) **pedir**	(o ➔ u) **dormir**	(i ➔ y) **leer**
pedí	dormí	leí
pediste	dormiste	leíste
p**i**dió	d**u**rmió	le**y**ó
pedimos	dormimos	leímos
pedisteis	dormisteis	leísteis
p**i**dieron	d**u**rmieron	le**y**eron

Otros verbos como ***pedir***: *repetir*, *sentir*, *servir*, *divertirse*, *preferir*, *corregir*, *seguir*, *mentir*...
Otro verbo como ***dormir***: *morir(se)*.
Otros verbos como ***leer***: *construir*, *caer*, *oír*, *creer*, *destruir*...

– Verbos con irregularidad ortográfica.

Existen irregularidades que ocurren antes de la vocal ***e*** en los verbos terminados en *–**car***, *-**gar*** y *–**zar***.

car > qué: suplicar ➔ *supliqué*, *suplicaste*, *suplicó*...
gar > gué: cargar ➔ *cargué*, *cargaste*, *cargó*...
zar > cé: utilizar ➔ *utilicé*, *utilizaste*, *utilizó*...

– Verbos irregulares en la raíz.

estar ➔ **estuv-**	saber ➔ **sup-**		**-e**
andar ➔ **anduv-**	caber ➔ **cup-**		**-iste**
tener ➔ **tuv-**	venir ➔ **vin-**		**-o**
haber ➔ **hub-**	querer ➔ **quis-**	+	**-imos**
poder ➔ **pud-**	hacer ➔ **hic-**		**-isteis**
poner ➔ **pus-**	decir ➔ **dij-**		**-ieron**

En este grupo la terminación *–**ieron*** se transforma en *–**eron*** después de la ***j***: *dijeron*. Otros verbos similares son: *producir*, *reducir*, *conducir*...

Los verbos formados a partir de verbos irregulares también son irregulares:

proponer ➔ *propuse*, *propusiste*, *propuso*...

– Verbos completamente irregulares.

	ser / ir	**dar**
yo	**fui**	**di**
tú	**fuiste**	**diste**
él/ella/usted	**fue**	**dio**
nosotros/as	**fuimos**	**dimos**
vosotros/as	**fuisteis**	**disteis**
ellos/ellas/ustedes	**fueron**	**dieron**

Los verbos *ir* y *ser* comparten la misma forma en pretérito indefinido. El contexto nos ayudará a identificar qué verbo es.
– *Ramón fue a la fiesta.* (ir)
– *Fue el primero en llegar.* (ser)

Referencias temporales

- Usamos el pretérito indefinido con los siguientes marcadores temporales:
  – ***ayer***
  – ***el otro día***
  – ***el mes/año/semana pasado/a***
  – ***en*** + mes, año
  – ***anteayer***
  – ***anoche***

PRETÉRITO IMPERFECTO

Usos del pretérito imperfecto

- El pretérito imperfecto de indicativo se usa para hablar de una acción habitual en pasado.
  – *Estudiaba en un colegio a las afueras de mi ciudad.*
  – *De joven practicaba algunos deportes acuáticos.*
- Se usa para describir personas o circunstancias en el pasado.
  – *Su padre era moreno y tenía los ojos negros.*
  – *Hacía un día estupendo, así que decidí pasar el día en la ciudad.*
- Se usa también para describir el contexto de una acción o para hablar de acciones simultáneas en el pasado.
  – *Estábamos comiendo cuando se apagó la luz.*
  – *Siempre que nos hacía una visita, nos traía un regalo.*

Formación del pretérito imperfecto

- Verbos regulares

	trabajar	**beber**	**vivir**
yo	trabaj**aba**	beb**ía**	viv**ía**
tú	trabaj**abas**	beb**ías**	viv**ías**
él/ella/usted	trabaj**aba**	beb**ía**	viv**ía**
nosotros/as	trabaj**ábamos**	beb**íamos**	viv**íamos**
vosotros/as	trabaj**abais**	beb**íais**	viv**íais**
ellos/ellas/ustedes	trabaj**aban**	beb**ían**	viv**ían**

- Verbos iregulares

	ser	**ir**	**ver**
yo	**era**	**iba**	**veía**
tú	**eras**	**ibas**	**veías**
él/ella/usted	**era**	**iba**	**veía**
nosotros/as	**éramos**	**íbamos**	**veíamos**
vosotros/as	**erais**	**ibais**	**veíais**
ellos/ellas/ustedes	**eran**	**iban**	**veían**

Referencias temporales

- El pretérito imperfecto se usa normalmente con las siguientes expresiones:
  – ***esa noche*** – ***ese día*** – ***antes... ahora***
  – ***porque*** – ***cuando*** – ***siempre que***
  – ***mientras***

PRETÉRITO PLUSCUAMPERFECTO

Usos del pretérito pluscuamperfecto

- El pretérito pluscuamperfecto se usa para hablar de una acción que terminó antes de otra acción pasada.
  – *Cuando llegué al cine la película no había comenzado todavía / la película todavía no había comenzado.* (Llegué al cine a las 17:59, la película comenzó a las 18:00)
  – *Cuando llegué al cine, la película había comenzado ya / la película ya había comenzado.* (Llegué al cine a las 18:05 y la película comenzó a las 18:00)
- También se usa para hablar de una acción que ocurre después de otra con sentido de inmediatez.
  – *Le compré un juguete y al día siguiente ya lo había roto.*
  – *Para mi cumpleaños me regalaron una novela y a la semana siguiente ya la había leído.*
- Otro uso es para hablar de una acción que nunca hemos hecho antes.
  – *Nunca/Nunca antes había estado aquí.*
  – *No había estado aquí nunca/nunca antes.*

- También lo utilizamos para preguntar si una persona ha hecho algo antes.
  – *¿Habías estado en Madrid alguna vez/antes?*
  – *¿Habías estado alguna vez/antes en Madrid?*

■ Formación del pretérito pluscuamperfecto

- Este tiempo verbal se forma con el pretérito imperfecto del verbo auxiliar ***haber*** más el participio del verbo principal.

	Pretérito imperfecto del verbo *haber*
yo	**había**
tú	**habías**
él/ella/usted	**había**
nosotros/as	**habíamos**
vosotros/as	**habíais**
ellos/ellas/ustedes	**habían**

Participios regulares

trabajar	**beber**	**vivir**
trabaj**ado**	beb**ido**	viv**ido**

- Participios irregulares:

poner ➔ **puesto**	decir ➔ **dicho**	ver ➔ **visto**
volver ➔ **vuelto**	romper ➔ **roto**	descubrir ➔ **descrito**
morir ➔ **muerto**	escribir ➔ **escrito**	componer ➔ **compuesto**
hacer ➔ **hecho**	abrir ➔ **abierto**	deshacer ➔ **desecho**

■ Referencias temporales

- El pretérito pluscuamperfecto se usa normalmente con las siguientes expresiones:
  – ***ya/todavía no***
  – ***hasta ahora***
  – ***al rato***
  – ***nunca***
  – ***nunca antes***
  – ***al momento***

SER Y ESTAR

■ Usos del verbo *ser*

- Origen o nacionalidad.
  – *Soy de Praga.*
- Profesión, religión o ideología de una persona.
  – *Eres científico.*
- Describir cómo es una persona u objeto.
  – *Marta es morena y alta.*
- Hacer valoraciones usando ***ser*** + adjetivo + verbo.
  – *Es normal que llueva en otoño.*
  – *Es necesario ir a verlo.*
- Describir de qué está hecho un objeto.
  – *La mesa es de hierro y madera.*
- Localizar un acontecimiento.
  – *La boda es en un castillo medieval.*
- Decir la hora, días y fechas.
  – *Son las cuatro y media pasadas.*
- Decir el precio de algo.
  – *Las galletas son 60 céntimos.*
- Indicar posesión, propiedad o destinatario.
  – *Esta canción es para mi madre.*

■ Usos del verbo *estar*

- Localizar o situar lugares y personas.
  – *El restaurante está en el número 65.*
- Describir personas o cosas desde un punto de vista subjetivo.
  – *Marta está un poco más gordita ahora.*
- Descripción temporal.
  – *Laura está enferma y Luis está muy preocupado.*
- Profesiones o situaciones temporales.
  – *Está de recepcionista pero es músico.*
  – *La biblioteca está cerrada los fines de semana.*
- Hablar sobre precios que cambian.
  – *Las fresas están a dos euros el kilo.*
- Decir que algo está hecho.
  – *Ya está todo preparado.*
- Describir una acción que está sucediendo en el presente.
  – *Estamos buscando información en Internet.*

UNIDAD 2

PRESENTE DE SUBJUNTIVO

Usos del presente de subjuntivo

- En general, el subjuntivo se utiliza en español para expresar deseos, emociones y propósitos. El presente de subjuntivo hace referencia al presente y al futuro.

Formación del presente de subjuntivo

- Verbos regulares

	trabajar	**beber**	**vivir**
yo	trabaj**e**	beb**a**	viv**a**
tú	trabaj**es**	beb**as**	viv**as**
él/ella/usted	trabaj**e**	beb**a**	viv**a**
nosotros/as	trabaj**emos**	beb**amos**	viv**amos**
vosotros/as	trabaj**éis**	beb**áis**	viv**áis**
ellos/ellas/ustedes	trabaj**en**	beb**an**	viv**an**

- Verbos irregulares
  – Verbos con irregularidad vocálica

	(e ➜ ie)	(o ➜ ue)	(u ➜ ue)	(e ➜ i)	(i ➜ y)
	querer	**poder**	**jugar**	**pedir**	**construir**
yo	qu**ie**ra	p**ue**da	j**ue**gue	p**i**da	constru**y**a
tú	qu**ie**ras	p**ue**das	j**ue**gues	p**i**das	constru**y**as
él/ella/usted	qu**ie**ra	p**ue**da	j**ue**ge	p**i**da	contru**y**a
nosotros/as	queramos	podamos	juguemos	p**i**damos	constru**y**amos
vosotros/as	queráis	podáis	juguéis	p**i**dáis	constru**y**áis
ellos/ellas/ustedes	qu**ie**ran	p**ue**dan	j**ue**guen	p**i**dan	constru**y**an

Observa los siguientes cambios ortográficos:
ga/go/gu/gue/gui ➜ jugar: *juegue, juegues...*
ge/gi/ja/jo/ju ➜ recoger: *recoja, recojas...*
za/zo/zu/ce/ci ➜ gozar: *goce, goces...*

Excepciones:
Los verbos ***sentir*** y ***dormir*** cambian en presente de subjuntivo ***o* ➜ *ue*** y ***o* ➜ *u***.

	(e ➜ ie) pero **e** ➜ **i** en *nosotros* y *vosotros*	(o ➜ ue) pero **o** ➜ **u** en *nosotros* y *vosotros*
	sentir	**dormir**
yo	s**ie**nta	d**ue**rma
tú	s**ie**ntas	d**ue**rmas
él/ella/usted	s**ie**nta	d**ue**rma
nosotros/as	s**i**ntamos	d**u**rmamos
vosotros/as	s**i**ntáis	d**u**rmáis
ellos/ellas/ustedes	s**ie**ntan	d**ue**rman

Otros verbos:

Sentir: *consentir, disentir, mentir, divertirse, advertir...*

Dormir: *morir.*

- Verbos que son completamente irregulares:

ser	**estar**	**ir**	**haber**	**saber**	**ver**	**dar**
sea	**esté**	**vaya**	**haya**	**sepa**	**vea**	**dé**
seas	**estés**	**vayas**	**hayas**	**sepas**	**veas**	**des**
sea	**esté**	**vaya**	**haya**	**sepa**	**vea**	**dé**
seamos	**estemos**	**vayamos**	**hayamos**	**sepamos**	**veamos**	**demos**
seáis	**estéis**	**vayáis**	**hayáis**	**sepáis**	**veáis**	**deis**
sean	**estén**	**vayan**	**hayan**	**sepan**	**vean**	**den**

- Verbos irregulares en la forma **yo**:

	1.ª persona presente de indicativo	Raíz verbal del presente de subjuntivo	Terminaciones del presente de subjuntivo
tener	tengo	**teng-**	
venir	vengo	**veng-**	
poner	pongo	**pong-**	**-a**
hacer	hago	**hag-**	**-as**
salir	salgo	**salg-**	**-a**
decir	digo	**dig-**	**-amos**
oír	oigo	**oig-**	**-áis**
traer	traigo	**traig-**	**-an**
conocer	conozco	**conozc-**	
valer	valgo	**valg-**	

USOS DEL PRESENTE DE SUBJUNTIVO: DAR CONSEJOS Y HACER RECOMENDACIONES

■ El presente de subjuntivo se usa para dar un consejo o hacer una recomendación:

- Si cambia el sujeto se usa subjuntivo.

Me / Te / Le / Nos / Os / Les aconsejar / recomendar + **que** + subjuntivo

– *El médico me ha recomendado que haga ejercicio.*
– *Yo os aconsejo seguir por este camino y no saliros de la ruta.*
– *Un compañero de trabajo me ha recomendado este restaurante. ¿Quieres que entremos?*

- Si no cambia el sujeto se usa el infinitivo.
  – *Te aconsejo ir en transporte público si quieres llegar antes al centro.*

EXPANSIÓN GRAMATICAL

■ Otras formas de expresar recomendaciones o de dar consejos:

- **Imperativo**
  – *Póngase esta pomada tres veces al día.*
- **Tienes que** / **Debes** / **Puedes** + infinitivo
  – *Si no quieres quedarte sin ellas, tienes que comprar las entradas con antelación.*
- **Tendrías que** / **Deberías** / **Podrías** + infinitivo
  – *Deberías leer más si quieres ampliar tu vocabulario.*
- **Hay que** + infinitivo
  – *Hay que ir pensando qué le vamos a regalar a mamá para su cumpleaños.*

OTRO USO DEL PRESENTE DE SUBJUNTIVO: HACER PETICIONES

■ El presente de subjuntivo se usa para hacer peticiones o dar órdenes con ***pedir***, ***rogar***, ***exigir***, ***mandar***, ***ordenar***, etc.

– *Te pido que hables con ella antes de sacar tus propias conclusiones.*

UNIDAD 3

INDICATIVO Y SUBJUNTIVO DESPUÉS DE *QUE* Y *DONDE*

- **Las oraciones de relativo** funcionan como adjetivos al describir personas y cosas. La persona o cosa que se está describiendo en una oración relativa es llamado *el antecedente*. El pronombre que reemplaza el antecedente puede ser ***que*** (para personas y cosas) o ***donde*** (para lugares).
  – *La camiseta que tiene más colores es mía.* = *La camiseta colorida es la mía.*
  – *La mujer que tiene el pelo negro es mi madre.* = *La mujer morena es mi madre.*
  – *La camiseta que tiene el dibujo de Mickey Mouse es la mía.*

EXPANSIÓN GRAMATICAL

- ***Que*** es el pronombre más utilizado. Está precedido de un artículo. Se utiliza de la siguiente manera:
  - Si el antecedente no está expresado: – *Los que se cuidan viven más.*
  - En afirmaciones enfáticas con el verbo *ser*: – *Él es el que me insultó.*
  - Después de preposiciones: – *Ese es el joven con el que te vi.*
- ***Donde*** es utilizado cuando el antecedente es un lugar.
  – *Esa es la escuela donde estudio.*
- ***Lo que*** se utiliza cuando el antecedente se refiere a un concepto o idea.
  – *No entiendo lo que dices.*
- ***Quien*** / ***Quienes*** hacen referencia solo a personas. Es lo mismo que: *el/la/los/las que*.
  – *Quienes se cuidan viven más.*
  – *Ese es el joven con quien te vi.*

  También es utilizado después de *haber* y *tener*.
  – *No hay quien te entienda.*
- ***Cual*** es utilizado con un artículo y debe tener un antecedente.
  – *Estuvimos estudiando, hecho lo cual, nos fuimos a tomar algo.*
  – *También puede utilizarse después de una preposición.*
  – *En mi habitación hay un mueble en el cual guardo mi patinete.*
- ***Cuyo***, ***cuya***, ***cuyos***, ***cuyas*** es un adjetivo relativo que indica posesión y se utiliza poco en la lengua oral.
  – *Esa es la casa cuyo propietario es famoso.* = *El propietario de la casa es famoso.*

- **Las oraciones de relativo** utilizan la siguiente construcción:

  Antecedente + **pronombre relativo** + **indicativo** / **subjuntivo**

  – *Los chicos que hablan español pueden participar en el club de conversación.*
  – *Busco una persona que hable español.*

  - El **indicativo** es utilizado cuando lo que se expresa sobre el antecedente es cierto o conocido.
    – *La ciudad donde nací está cerca de Madrid.*
    – *El libro que se ha comprado Fernando es muy entretenido.*
  - El **subjuntivo** se utiliza:

    Cuando el antecedente es desconocido, indefinido, o no puede ser identificado con certeza.
    – *Fernando está buscando un libro que sea muy entretenido.*

    Cuando preguntamos si algo o alguien existe y utilizamos la siguiente forma:
    ¿***Hay*** / ***Conoces*** *(a)* / ***Sabes si hay*** + pronombre indefinido/adjetivo + pronombre relativo + subjuntivo?
    – *¿Hay alguna persona que sepa explicarme por qué aquí se usa el subjuntivo?*
    – *¿Conoces a alguien que sea políglota?*
    – *¿Hay algo en la tienda que te quieras comprar?*

Cuando la existencia de una persona o cosa se niega se utiliza la siguiente construcción:
No hay + pronombre indefinido/adjetivo + pronombre relativo + subjuntivo
– *En esta clase no hay nadie que sea capaz de hacer esta actividad.*
– *No hay ninguna zapatería cerca que venda botas de piel.*

Al expresar una falta o escasez de algo.
Hay poco, ***–a***, ***–os***, ***–as*** + sustantivo + pronombre relativo+ subjuntivo

Al solicitar algo que se imagina, pero puede que no exista:
Necesito / ***Quiero*** + persona/cosa + pronombre relativo + subjuntivo
– *Necesito a alguien que sea capaz de traducir chino.*
– *Quiero algo que me haga juego con estos zapatos.*

PRONOMBRES Y ADJETIVOS INDEFINIDOS

■ Pronombres indefinidos invariables.

	Personas	Cosas
Existencia	**alguien**	**algo**
No existencia	**nadie**	**nada**

◗ *¿Alguien te ha enviado un mensaje al móvil?*
D *No, no me ha escrito nadie.*

◗ *¿Quieres comer algo?*
D *No gracias, no quiero nada ahora. Acabo de tomar un refresco.*

■ Pronombres y adjetivos indefinidos variables.

- Los siguientes pronombres y adjetivos concuerdan en número y género, y puede reemplazar tanto a personas como cosas.

	Personas	Cosas
Existencia	**alguno (algún)/a**	**algunos/as**
No existencia	**ninguno (ningún)/a**	**ningunos/as**

◗ *Perdone, ¿tiene alguna camiseta verde?* (adjetivo)
D *Sí, tenemos algunas en la estantería del fondo.* (pronombre)

- Cuando se refiere a personas, los adjetivos indefinidos masculinos son ***ningún*** y ***algún***.
- ***Ningunos/ningunas*** se usa raras veces, y solo con sustantivos en plural: *ningunas tijeras*, *ningunos pantalones...*

◗ *¿Has comprado los pantalones que necesitabas?*
D *No he comprado ningunos porque eran muy feos.*

VERBOS DE EMOCIÓN CON SUBJUNTIVO O INFINITIVO

■ Para expresar emociones negativas, se utilizan las siguientes expresiones:

– ***Me irrita/molesta/indigna/fastidia/da rabia***
– ***No soporto/Odio***
– ***Es una vergüenza/una pena/inadmisible/intolerable***
– ***Estoy + harto(a)/cansado(a)/aburrido(a)... + de***

+ infinitivo

– *Me molesta ser yo el que siempre tira la basura en mi casa.*
– *No soporto madrugar por las mañanas.*
– *Estoy aburrida de repetirle a mi hijo que limpie su habitación.*

- Cuando hay un cambio en el sujeto, la cláusula subordinada es introducida por ***que*** más subjuntivo.
  – *A mí me indigna que algunos gamberros rompan el mobiliario urbano.*
  – *Me irrita que algunos conductores no respeten a ciclistas ni peatones.*
  – *Es intolerable que en las ciudades no se tomen medidas más drásticas contra la contaminación.*
- Recuerda que con verbos similares a ***gustar*** (*me irrita / me molesta*...) puede utilizarse el sustantivo en singular o plural y debe haber concordancia.

  ***Me irrita/molesta/fastidia**...* + sustantivo singular
  – *A mí me indigna la gente que rompe el mobiliario urbano.*

  ***Me fastidian/dan rabia/indignan**...* + sustantivo plural
  – *Me irritan los conductores que no respetan a ciclistas ni peatones.*

EXPANSIÓN GRAMATICAL

■ Las expresiones que se refieren a emociones negativas pueden ser clasificadas de acuerdo al grado de intensidad y emoción que expresan y al grado de formalidad.

	Alto grado de intensidad	Neutral
Formal	**es intolerable; es inadmisible**	**me indigna**
Informal	**es una vergüenza; odio; me irrita; estoy harto/a; me da rabia; no soporto**	**es una pena; estoy cansado/a de; me fastidia; estoy aburrido/a de; me molesta**

- Otros verbos de emoción presentan la misma estructura:

  Me alegra/hace feliz
  Me entristece/da pena
  Me da envidia/miedo/vergüenza
  Me decepciona/preocupa/enorgullece
  + infinitivo (si no hay cambio del sujeto)
  + ***que*** + subjuntivo (con cambio de sujeto)

  – *Me da vergüenza hablar delante de muchas personas.*
  – *Me da pena que no puedas venir al viaje con nosotros.*
- De la misma manera que con los verbos de emoción negativa, el sujeto del verbo puede también ser un sustantivo.

  ***Me hace feliz/da pena/da rabia/decepciona**...* + sustantivo singular
  – *Me hace feliz un buen paseo por el campo un día soleado.*

  ***Me alegran/entristecen/dan envidia/preocupan**...* + sustantivo plural
  – *Me dan envidia las personas que están todo el día viajando.*

UNIDAD 4

POR Y PARA

■ ***Para*** se usa para expresar finalidad, objetivo o propósito.
  – *Estoy ahorrando para hacer un viaje por Asia.*
  – *He comprado estos aguacates para hacer guacamole.*

Otros usos de ***para***:

- Destino.
  – *Yo me voy ya para casa. La verdad es que estoy un poco cansado.*
  – *Yo voy para el centro. ¿Quieres que te acerque a tu casa?*

- Plazo o límite de tiempo.
  – *Esta tarea es para la semana que viene, no para mañana.*
  – *¿Para cuándo dijiste que necesitas el informe?*
- Opinión.
  – *Para mí, esta no es la solución al problema. Algo arregla, sí, pero el problema sigue existiendo.*
  – *Para mí que Pedro y Juan se han enfadado, ya nunca los veo bromear juntos.*
- Destinatario.
  – *La escuela celebra una fiesta de despedida para todos los alumnos que finalizan sus clases.*
- Comparación.
  – *Para ciudad bonita, Granada. No te puedes ir de España sin visitarla.*
  – *A mí me sale muy bueno el gazpacho, pero para gazpacho bueno, el de mi abuela.*
- Preguntar por la finalidad, el propósito o el uso de algo.
  ¿Para qué...? / Para qué + indicativo
  – *¿Para qué me has llamado esta tarde?*
  – *No entiendo para qué vienes.*

■ ***Por*** se usa para expresar la causa o el motivo de una acción.
  – *No pudo entrar a la fiesta porque llevaba zapatillas deportivas.*
  – *No pudo entrar a la fiesta por no llevar zapatos.*

Otros usos de ***por***:

- Precio.
  – *Ya no quedan entradas por menos de 80 euros.*
- Cambio.
  – *Creo que voy a cambiar esta falda por el vestido, me lo voy a poner más.*
  – *Yo no puedo ir a la conferencia, le he dicho a Pedro que vaya por mí.*
- Medio o modo.
  – *He estado toda la tarde hablando con mi madre por Skype.*
  – *Disculpe, pero todas las reclamaciones deben hacerse por escrito.*
- Tiempo aproximado.
  – *Yo creo que fue por junio o julio cuando vinieron a visitarnos, ¿no?*
- Lugar indeterminado.
  – *Esta mañana pasé por tu barrio, pero como sabía que estabas trabajando, no te llamé.*
  – *Si pasas por una ferretería, ¿te importa comprar una bombilla? Esta se acaba de fundir.*

■ Las dos preposiciones van seguidas de verbo en infinitivo cuando no hay ningún cambio de sujeto y van seguidas de ***que*** más verbo en subjuntivo cuando se produce el cambio.
  – *He venido para preguntar por los cursos de español.*
  – *He venido para que me informen sobre los cursos de español.*

EXPANSIÓN GRAMATICAL

■ Existen otras expresiones más formales para expresar propósito y que siguen la misma estructura que ***para*** + *infinitivo* en caso del mismo sujeto o ***para que*** + *subjuntivo* cuando hay cambio de sujeto: ***a fin de***, ***con el fin de***, ***con el objeto de***...
  – *Los enfermos crónicos deben vacunarse a fin de evitar complicaciones posteriores.*
  – *El ayuntamiento ha aumentado la frecuencia de trenes en el metro durante las fiestas con el fin de evitar aglomeraciones.*
  – *La empresa ha realizado un exhaustivo estudio de mercado con el objeto de conocer los intereses de los potenciales clientes.*

INDICATIVO Y SUBJUNTIVO DESPUÉS DE *CUANDO*

- Normalmente ***cuando*** introduce una frase subordinada que puede ir en indicativo o en subjuntivo.

  Se usa el indicativo cuando la acción se refiere al pasado o al presente.

  - ***Cuando*** + presente + presente, para una acción habitual en el presente.
    – *Cuando llego al trabajo, me preparo un café.*
  - ***Cuando*** + indefinido o imperfecto + indefinido o imperfecto.
    – *Cuando llegué al trabajo, me preparé un café.*
  - ***Cuando*** + imperfecto + imperfecto, para una acción habitual en el pasado.
    – *Cuando llegaba de trabajar, siempre me preparaba un café.*
  - ***Cuando*** + indefinido/imperfecto + imperfecto/indefinido para acciones pasadas interrumpidas por otra acción.
    – *Cuando llegué al trabajo, Ana estaba preparándose un café.*
    – *Cuando estaba durmiendo, sonó el teléfono y me asusté.*

  Se usa el subjuntivo cuando la acción es futura.

  - ***Cuando*** + presente de subjuntivo + futuro, expresión que denota futuro o intención futura (*ir a* + infinitivo, *querer/pensar* + infinitivo) o imperativo.
    – *Cuando seas mayor, podrás salir hasta tarde.*
    – *Cuando te mudes, vas a necesitar muebles nuevos.*
    – *Cuando me gradúe, quiero ir a Reino Unido para mejorar el inglés.*
    – *Cuando salga del trabajo, pienso ir al centro.*
    – *Cuando llegues a casa, pon la lavadora, por favor.*

INDICATIVO Y SUBJUNTIVO CON OTRAS EXPRESIONES DE TIEMPO

- Usos:

  - Expresar una acción inmediatamente posterior a otra:
    Tan pronto como / En cuanto / Nada más
    – *Tan pronto como vengan, ponemos la mesa.*
    – *En cuanto termines de estudiar, llamamos a los abuelos.*
    – *Nada más levantarme, sonó el teléfono.*
  - Presentar una acción que no ocurrirá hasta que ocurra otra:
    Hasta que (no)
    – *Hasta que no termine los exámenes, no puedo salir de fiesta.*
  - Hablar de una acción que tiene lugar después de otra:
    Antes de (que) / Después de (que)
    – *Antes de usarlo, hay que leer bien las instrucciones.*
    – *Después de que terminen de pintar, saldremos de compras.*

    Antes de y *después de (que)* pueden ir seguidos de un sustantivo cuando se refiere a fechas, periodos de tiempo específicos o eventos como exámenes, bodas, viajes, etc.
    – *Antes del examen, tengo que repasar un poco.*
  - Expresar una acción repetida cada vez que ocurre otra:
    Cada vez que
    – *Cada vez que se ducha, deja el suelo mojado.*

  Estas expresiones pueden ir seguidas de un verbo en infinitivo, en indicativo o en subjuntivo como se muestra a continuación:

  - Expresión de tiempo + infinitivo, cuando el sujeto de las dos oraciones es el mismo.
    – *Antes de terminar la carrera, empecé a trabajar.*
    – *Después de viajar a Sevilla, le cambió la vida.*
    – *Nada más entrar en la fiesta, vio a su exnovia.*

    Solamente *antes de*, *después de*, *hasta*, y *nada más* pueden ir seguidas de un verbo en infinitivo cuando no hay cambio de sujeto y *nada más* puede ir seguida solamente de infinitivo.

- Expresión de tiempo + indicativo, cuando expresa una acción en pasado o presente.
  – *En cuanto llegan a casa, escriben wasaps a sus amigos.*
  – *Después de que llegamos a Barcelona, nos fuimos a ver la Sagrada Familia.*
- Expresión de tiempo + subjuntivo, cuando nos referimos a una acción futura.
  – *Cada vez que voy a su casa, como demasiado.*
  – *Cada vez que vaya a su casa, intentaré comer menos.*
  – *Siempre que salgas de viaje, llámame, por favor.*

UNIDAD 5

EXPRESIONES IMPERSONALES CON SUBJUNTIVO E INDICATIVO

- Construcciones con subjuntivo:

  Es (un/una) + nombre/adjetivo
  Está + adverbio
  Me parece + adjetivo/adverbio
  ] + ***que*** + subjuntivo

- Expresiones que confirman una realidad van con indicativo.

  Es seguro
  Es obvio
  Es cierto
  Es indudable
  Está claro
  Está comprobado
  Me parece evidente
  ] + ***que*** + indicativo

  – *Está claro que esto tiene que cambiar.*

  Cuando la misma expresión es en negativo se usa el subjuntivo.
  – *No es cierto que viva en Mallorca.*

- Las expresiones que emiten un juicio de valor van subjuntivo.

  Es normal
  Es lógico
  Es horrible
  Es increíble
  Está bien
  Me parece intolerable
  ] + ***que*** + subjuntivo

  – *Es increíble que tenga miedo.*

PRETÉRITO PERFECTO DE SUBJUNTIVO

- El pretérito perfecto de subjuntivo se forma con el presente de subjuntivo *haber* más el participio del verbo principal.

	Presente de subjuntivo del verbo *haber*	Participios regulares: **trabajar**	**beber**	**vivir**
yo	**haya**			
tú	**hayas**			
él/ella/usted	**haya**	trabaj**ado**	beb**ido**	viv**ido**
nosotros/as	**hayamos**			
vosotros/as	**hayáis**			
ellos/ellas/ustedes	**hayan**			

Participios irregulares

- poner → **puesto**
- volver → **vuelto**
- morir → **muerto**
- hacer → **hecho**
- decir → **dicho**
- romper → **roto**
- escribir → **escrito**
- abrir → **abierto**
- ver → **visto**
- descubrir → **descubierto**
- componer → **compuesto**
- deshacer → **deshecho**

- Usos:
  - Recuerda que el participio nunca varía ni en género ni en número.
    – *Es probable que Pedro haya* ***venido****. / Es probable que Luisa y Susana hayan* ***venido***.
  - El pretérito perfecto de subjuntivo se usa en los mismos casos que el pretérito perfecto de indicativo, en los que concierne al tiempo de la acción, pero, al igual que el presente de subjuntivo, se usa para para expresar deseos, opiniones y dudas, en este caso sobre algo que ya ha pasado.

  ◗ *¿Sabes si* ***han salido*** *ya las notas del examen?*
  D *No sé, no creo que* ***hayan salido*** *todavía, lo hicimos hace menos de una semana...*
  ◗ *¡Qué nervios! Espero que* ***hayamos aprobado***.

PRONOMBRE *SE*

- ***Se* reflexivo**
  Se usa el pronombre ***se*** en la 3.ª persona del singular y del plural de los verbos reflexivos. Estos son aquellos verbos en los que la acción recae sobre el mismo sujeto que la realiza (*lavarse*, *vestirse*, *parecerse*...).
  – *Yo me ducho por las mañanas, pero mi hermano se ducha por las noches.*
  – *Mi hijo se viste tan despacio que después tenemos que correr para no llegar tarde al colegio.*
  – *Este bolso se parece a uno que tienes tú, ¿no?*

- ***Se* pasivo**
  Se + verbo en 3.ª persona del singular o del plural tiene un valor equivalente a la voz pasiva cuando la persona o cosa que realiza la acción (el complemento agente) no tiene relevancia en la información que se quiere dar: *se alquila*, *se vende*, *se explica*, *se sabe*... en lugar de *es alquilado*, *es vendido*, *es explicado*, *es sabido*...
  – *Esta semana se inaugura una nueva sala de conciertos en la capital.*
  – *Los primeros resultados de las votaciones se conocerán una vez cerrados los colegios electorales.*
  – *Se produjeron algunos destrozos en el mobiliario urbano después de la manifestación.*

- ***Se* recíproco**
  Con los verbos en plural, el pronombre ***se*** expresa que una misma acción es realizada por dos o más sujetos y la acción que realiza uno recae sobre el otro y viceversa (*escribirse*, *verse*, *comunicarse*, *hablarse*...).
  – *Laura y Nacho se conocieron cuando tenían veinte años, pero nunca se han casado.*
  – *Mis hijos, con el móvil, solo se comunican por WhatsApp. Creo que solo hablan por teléfono cuando yo los llamo.*

- ***Se* objeto indirecto**
  Se reemplaza al pronombre de objeto indirecto ***le*** y ***les*** cuando va justo delante de los pronombre de objeto directo ***lo***, ***la***, ***los*** y ***las***.
  ◗ *¿Tienes mis entradas?*
  D *Sí, se las di a Marta, las tiene ella.*
  ◗ *Me alegro mucho de que vayamos juntos. ¿Se lo has dicho ya a los demás?*

UNIDAD 6

PRETÉRITO IMPERFECTO DE SUBJUNTIVO

- El pretérito imperfecto de subjuntivo se forma eliminando la terminación ***-ron*** de la tercera persona del plural del pretérito indefinido y añadiendo en su lugar las siguientes terminaciones: ***-ra***, ***-ras***, ***-ra***, ***-ramos***, ***-rais***, ***-ran***.

Verbos regulares en pretérito indefinido	Pretérito imperfecto de subjuntivo
viajar ➜ *viajaron*	*viaja**ra**, viaja**ras**, viaja**ra**, viajá**ramos**, viaja**rais**, viaja**ran***
beber ➜ *bebieron*	*bebie**ra**, bebie**ras**, bebie**ra**, bebié**ramos**, bebie**rais**, bebie**ran***
vivir ➜ *vivieron*	*vivie**ra**, vivie**ras**, vivie**ra**, vivié**ramos**, vivie**rais**, vivie**ran***

Verbos irregulares en pretérito indefinido	Pretérito imperfecto de subjuntivo
tener ➜ *tuvieron*	*tuviera, tuvieras, tuviera, tuviéramos, tuvierais, tuvieran*
ser ➜ *fueron*	*fuera, fueras, fuera, fuéramos, fuerais, fueran*
poder ➜ *pudieron*	*pudiera, pudieras, pudiera, pudiéramos, pudierais, pudieran*
dormir ➜ *durmieron*	*durmiera, durmieras, durmiera, durmiéramos, durmierais, durmieran*
construir ➜ *construyeron*	*construyera, construyeras, construyera, construyéramos, construyerais, construyeran*
decir ➜ *dijeron*	*dijera, dijeras, dijera, dijéramos, dijerais, dijeran*

- El pretérito imperfecto de subjuntivo se puede formar también usando la terminación en ***-se***, aunque la forma terminada en ***-ra*** es más usada.

hablar	**comer**	**escribir**
habla**ra** / habla**se**	comie**ra** / comie**se**	escribie**ra** / escribie**se**
habla**ras** / habla**ses**	comie**ras** / comie**ses**	escribie**ras** / escribie**ses**
habla**ra** / habla**se**	comie**ra** / comie**se**	escribie**ra** / escribie**se**
hablá**ramos** / hablá**semos**	comié**ramos** / comié**semos**	escribié**ramos** / escribié**semos**
habla**rais** / habla**seis**	comie**rais** / comie**seis**	escribie**rais** / escribie**seis**
habla**ran** / habla**sen**	comie**ran** / comie**sen**	escribie**ran** / escribie**sen**

El pretérito imperfecto de subjuntivo se usa cuando el verbo en la oración principal está en pasado o en condicional y requiere un tiempo en subjuntivo.

Tiempo verbal de la oración principal	Tiempo de la oración en subjuntivo
Presente, pretérito perfecto, futuro, imperativo	Presente
Pretérito indefinido, imperfecto, pluscuamperfecto, condicional	Pretérito imperfecto

ORACIONES CONDICIONALES

- Para expresar una condición que se debe dar para que se produzca la acción o consecuencia, se puede utilizar la siguiente construcción.
  - Para expresar un **condición probable o posible**:
    Si + presente de indicativo + futuro
    – Si sales ahora, llegarás a tiempo.

    Si + presente de indicativo + presente
    – Si quieres, nos tomamos un café.

    Si + presente de indicativo + imperativo
    – Si recibes su fax, mándame una copia.

- Para expresar una **condición improbable, imaginada o irreal**:
  Si + pretérito imperfecto de subjuntivo + condicional
  Si fuera rica, viajaría por todo el mundo.

  De + infinitivo + condicional
  – *De ser rica, viajaría por todo el mundo.*

COMO SI + PRETÉRITO IMPERFECTO DE SUBJUNTIVO

■ Se usa ***como*** cuando describimos objetos, personas y acciones en comparación con otros elementos similares.
  – *Yo soy como mi padre. Me encanta hablar de política.*

- ***Como si*** + pretérito imperfecto subjuntivo compara dos acciones (una real y otra imaginaria) que son simultáneas.
  – *Andas por la calle como si estuvieras perdido.*
  (acción real: *andas*) (acción imaginaria: *estar perdido*, que no es cierto)

  Como si siempre va seguido del pretérito imperfecto de subjuntivo como una señal de improbabilidad.

- ***Ni que*** + pretérito imperfecto de subjuntivo compara una acción con otra que sabemos que es imposible. Al igual que ***como si***, siempre va seguido del pretérito imperfecto de subjuntivo, pero implica un sentido más fuerte de improbabilidad.
  – *¡Qué cara de miedo! ¡Ni que hubieras visto al diablo!*

PRETÉRITO INDEFINIDO

Verbos regulares

-ar **CANTAR**	-er **COMER**	-ir **VIVIR**
cant**é**	com**í**	viv**í**
cant**aste**	com**iste**	viv**iste**
cant**ó**	com**ió**	viv**ió**
cant**amos**	com**imos**	viv**imos**
cant**asteis**	com**isteis**	viv**isteis**
cant**aron**	com**ieron**	viv**ieron**

Verbos irregulares

ANDAR	**CAER**	**COMENZAR**	**CONCLUIR**
anduve	caí	comen**cé**	concluí
anduviste	caíste	comenzaste	concluiste
anduvo	ca**yó**	comenzó	conclu**yó**
anduvimos	caímos	comenzamos	concluimos
anduvisteis	caísteis	comenzasteis	concluisteis
anduvieron	ca**yeron**	comenzaron	conclu**yeron**

CONSTRUIR	**CONTRIBUIR**	**DAR**	**DECIR**
construí	contribuí	**di**	**dije**
construiste	contribuiste	**diste**	**dijiste**
constru**yó**	contribu**yó**	**dio**	**dijo**
construimos	contribuimos	**dimos**	**dijimos**
construisteis	contribuisteis	**disteis**	**dijisteis**
constru**yeron**	contribu**yeron**	**dieron**	**dijeron**

DESTRUIR	**DORMIR**	**EMPEZAR**	**ELEGIR**
destruí	dormí	empe**cé**	elegí
destruiste	dormiste	empezaste	elegiste
destru**yó**	d**u**rmió	empezó	el**i**gió
destruimos	dormimos	empezamos	elegimos
destruisteis	dormisteis	empezasteis	elegisteis
destru**yeron**	d**u**rmieron	empezaron	el**i**gieron

ESTAR	**HACER**	**IR**	**JUGAR**
estuve	**hice**	**fui**	ju**gu**é
estuviste	**hiciste**	**fuiste**	jugaste
estuvo	**hizo**	**fue**	jugó
estuvimos	**hicimos**	**fuimos**	jugamos
estuvisteis	**hicisteis**	**fuisteis**	jugasteis
estuvieron	**hicieron**	**fueron**	jugaron

Tabla de verbos

LEER	MEDIR	MORIR	OÍR
leí	medí	morí	oí
leíste	mediste	moriste	oíste
le**yó**	m**i**dió	m**u**rió	o**yó**
leímos	medimos	morimos	oímos
leísteis	medisteis	moristeis	oísteis
le**yeron**	m**i**dieron	m**u**rieron	o**yeron**

PEDIR	PESCAR	PODER	PONER
pedí	pes**qu**é	**pude**	**puse**
pediste	pescaste	**pudiste**	**pusiste**
p**i**dió	pescó	**pudo**	**puso**
pedimos	pescamos	**pudimos**	**pusimos**
pedisteis	pescasteis	**pudisteis**	**pusisteis**
p**i**dieron	pescaron	**pudieron**	**pusieron**

QUERER	SABER	SER	SERVIR
quise	**supe**	**fui**	serví
quisiste	**supiste**	**fuiste**	serviste
quiso	**supo**	**fue**	s**i**rvió
quisimos	**supimos**	**fuimos**	servimos
quisisteis	**supisteis**	**fuisteis**	servisteis
quisieron	**supieron**	**fueron**	s**i**rvieron

SONREÍR	TENER	TRADUCIR	TRAER
sonreí	**tuve**	**traduje**	**traje**
sonreíste	**tuviste**	**tradujiste**	**trajiste**
sonr**i**ó	**tuvo**	**tradujo**	**trajo**
sonreímos	**tuvimos**	**tradujimos**	**trajimos**
sonreísteis	**tuvisteis**	**tradujisteis**	**trajisteis**
sonr**i**eron	**tuvieron**	**tradujeron**	**trajeron**

VENIR	VER	HABER
vine	vi	hubo
viniste	viste	hubiste
vino	vio	hubo
vinimos	vimos	hubimos
vinisteis	visteis	hubisteis
vinieron	vieron	hubieron

PRETÉRITO IMPERFECTO

Verbos regulares

-ar CANTAR	-er COMER	-ir VIVIR
cant**aba**	com**ía**	viv**ía**
cant**abas**	com**ías**	viv**ías**
cant**aba**	com**ía**	viv**ía**
cant**ábamos**	com**íamos**	viv**íamos**
cant**abais**	com**íais**	viv**íais**
cant**aban**	com**ían**	viv**ían**

Verbos irregulares

SER	IR	VER
era	iba	veía
eras	ibas	veías
era	iba	veía
éramos	íbamos	veíamos
erais	ibais	veíais
eran	iban	veían

PRETÉRITO PERFECTO

Verbos regulares

-ar CANTAR	-er COMER	-ir VIVIR
he cant**ado**	**he** com**ido**	**he** viv**ido**
has cant**ado**	**has** com**ido**	**has** viv**ido**
ha cant**ado**	**ha** com**ido**	**ha** viv**ido**
hemos cant**ado**	**hemos** com**ido**	**hemos** viv**ido**
habéis cant**ado**	**habéis** com**ido**	**habéis** viv**ido**
han cant**ado**	**han** com**ido**	**han** viv**ido**

Participios irregulares

abrir → **abierto**	freír → **frito**	resolver → **resuelto**
absolver → **absuelto**	hacer → **hecho**	revolver → **revuelto**
cubrir → **cubierto**	imprimir → **impreso**	romper → **roto**
decir → **dicho**	morir → **muerto**	ver → **visto**
escribir → **escrito**	poner → **puesto**	volver → **vuelto**

IMPERATIVO AFIRMATIVO

Verbos regulares

	CANTAR	COMER	VIVIR
tú	cant**a**	com**e**	viv**e**
vosotros/as	cant**ad**	com**ed**	viv**id**
usted	cant**e**	com**a**	viv**a**
ustedes	cant**en**	com**an**	viv**an**

Verbos irregulares

CAER	CONDUCIR	CONOCER	CONSTRUIR	CONTAR
cae	conduce	conoce	constru**y**e	c**ue**nta
caed	conducid	conoced	construid	contad
caiga	condu**zc**a	cono**zc**a	constru**y**a	c**ue**nte
caigan	condu**zc**an	cono**zc**an	constru**y**an	c**ue**nten

DECIR	DORMIR	ELEGIR	EMPEZAR	HACER
di	d**ue**rme	el**i**ge	emp**ie**za	**haz**
decid	dormid	elegid	empezad	haced
diga	d**ue**rma	el**ij**a	emp**iec**e	**haga**
digan	d**ue**rman	el**ij**an	emp**iec**en	**hagan**

HUIR	IR	JUGAR	LLEGAR	OÍR
hu**y**e	**ve**	j**ue**ga	llega	**oye**
huid	**id**	jugad	llegad	oíd
hu**y**a	**vaya**	j**uegu**e	lle**gu**e	**oiga**
hu**y**an	**vayan**	j**uegu**en	lle**gu**en	**oigan**

PEDIR	PENSAR	PONER	SABER	SALIR
p**i**de	p**ie**nsa	**pon**	sabe	**sal**
pedid	pensad	poned	sabed	salid
p**i**da	p**ie**nse	**ponga**	**sepa**	**salga**
p**i**dan	p**ie**nsen	**pongan**	**sepan**	**salgan**

SER	TENER	VENIR	VESTIR	VOLVER
sé	**ten**	**ven**	v**i**ste	v**ue**lve
sed	tened	venid	vestid	volved
sea	**tenga**	**venga**	v**i**sta	v**ue**lva
sean	**tengan**	**vengan**	v**i**stan	v**ue**lvan

FUTURO IMPERFECTO

Verbos regulares

CANTAR	COMER	VIVIR
cantar**é**	comer**é**	vivir**é**
cantar**ás**	comer**ás**	vivir**ás**
cantar**á**	comer**á**	vivir**á**
cantar**emos**	comer**emos**	vivir**emos**
cantar**éis**	comer**éis**	vivir**éis**
cantar**án**	comer**án**	vivir**án**

Verbos irregulares

CABER	DECIR	HABER	HACER
cabré	diré	habré	haré
cabrás	dirás	habrás	harás
cabrá	dirá	habrá	hará
cabremos	diremos	habremos	haremos
cabréis	diréis	habréis	haréis
cabrán	dirán	habrán	harán

PODER	PONER	QUERER	SABER
podré	pondré	querré	sabré
podrás	pondrás	querrás	sabrás
podrá	pondrá	querrá	sabrá
podremos	pondremos	querremos	sabremos
podréis	pondréis	querréis	sabréis
podrán	pondrán	querrán	sabrán

SALIR	TENER	VALER	VENIR
saldré	tendré	valdré	vendré
saldrás	tendrás	valdrás	vendrás
saldrá	tendrá	valdrá	vendrá
saldremos	tendremos	valdremos	vendremos
saldréis	tendréis	valdréis	vendréis
saldrán	tendrán	valdrán	vendrán

PRETÉRITO PLUSCUAMPERFECTO

yo	**había**
tú	**habías**
él/ella/usted	**había**
nosotros/as	**habíamos**
vosotros/as	**habíais**
ellos/ellas/ustedes	**habían**

Participios regulares

-ado (verbos en -ar)	llegado
-ido (verbos en -er/-ir)	comido, vivido

Participios irregulares

abrir	➜ **abierto**	escribir	➜ **escrito**
hacer	➜ **hecho**	ver	➜ **visto**
decir	➜ **dicho**	poner	➜ **puesto**
romper	➜ **roto**	volver	➜ **vuelto**
resolver	➜ **resuelto**	revolver	➜ **revuelto**

CONDICIONAL SIMPLE

Verbos regulares

	HABLAR	COMER	ESCRIBIR
yo	habla**ría**	come**ría**	escribi**ría**
tú	habla**rías**	come**rías**	escribi**rías**
él/ella/usted	habla**ría**	come**ría**	escribi**ría**
nosotros/as	habla**ríamos**	come**ríamos**	escribi**ríamos**
vosotros/as	habla**ríais**	come**ríais**	escribi**ríais**
ustedes/ellos/ellas	habla**rían**	come**rían**	escribi**rían**

Verbos irregulares

caber ➜ **cabr-**	tener ➜ **tendr-**	**-ía**
haber ➜ **habr-**	poder ➜ **podr-**	**-ías**
saber ➜ **sabr-**	poner ➜ **pondr-**	**-ía**
querer ➜ **querr-**	venir ➜ **vendr-**	**-íamos**
hacer ➜ **har-**	salir ➜ **saldr-**	**-íais**
decir ➜ **dir-**	valer ➜ **valdr-**	**-ían**

PRESENTE DE SUBJUNTIVO

Verbos regulares

	HABLAR	COMER	ESCRIBIR
yo	habl**e**	com**a**	escrib**a**
tú	habl**es**	com**as**	escrib**as**
él/ella/usted	habl**e**	com**a**	escrib**a**
nosotros/as	habl**emos**	com**amos**	escrib**amos**
vosotros/as	habl**éis**	com**áis**	escrib**áis**
ellos/ellas/ustedes	habl**en**	com**an**	escrib**an**

Verbos irregulares

- Verbos con irregularidad vocálica

	QUERER	VOLVER	JUGAR	PEDIR
	e ➜ ie	**o ➜ ue**	**u ➜ ue**	**e ➜ i** (en todas las personas)
yo	qu**ie**ra	v**ue**lva	j**ue**gue	p**i**da
tú	qu**ie**ras	v**ue**lvas	j**ue**gues	p**i**das
él/ella/usted	qu**ie**ra	v**ue**lva	j**ue**gue	p**i**da
nosotros/as	queramos	volvamos	juguemos	p**i**damos
vosotros/as	queráis	volváis	juguéis	p**i**dáis
ellos/ellas/ustedes	qu**ie**ran	v**ue**lvan	j**ue**guen	p**i**dan

Los verbos **dormir** y **morir** tienen dos cambios vocálicos en presente de subjuntivo: **o ➜ ue** y **o ➜ u**

- d**ue**rma, d**ue**rmas, d**ue**rma, d**u**rmamos, d**u**rmáis, d**ue**rman.
- m**ue**ra, m**ue**ras, m**ue**ra, m**u**ramos, m**u**ráis, m**ue**ran.

- Verbos con la forma irregular **yo**

		Terminaciones
poner → **pong-**	traer → **traig-**	-a
tener → **teng-**	hacer → **hag-**	-as
salir → **salg-**	caer → **caig-**	-a
venir → **veng-**	construir → **construy-**	-amos
decir → **dig-**	conocer → **conozc-**	-áis
		-an

- Verbos que son completamente irregulares

HABER	IR	SABER	ESTAR	SER	VER	DAR
haya	vaya	sepa	esté	sea	vea	dé
hayas	vayas	sepas	estés	seas	veas	des
haya	vaya	sepa	esté	sea	vea	dé
hayamos	vayamos	sepamos	estemos	seamos	veamos	demos
hayáis	vayáis	sepáis	estéis	seáis	veáis	deis
hayan	vayan	sepan	estén	sean	vean	den

- Otros verbos con forma irregular de subjuntivo

e → ie (excepto en las formas **nosotros** y **vosotros**)

cerrar → c**ie**rre
comenzar → com**ie**nce
despertarse → se desp**ie**rte
divertirse → se div**ie**rta
empezar → emp**ie**ce
encender → enc**ie**nda
encerrar → enc**ie**rre
entender → ent**ie**nda
gobernar → gob**ie**rne
manifestar → manif**ie**ste
mentir → m**ie**nta
querer → qu**ie**ra
recomendar → recom**ie**nde
sentarse → se s**ie**nte
sentir → s**ie**nta

o → ue (excepto en las formas **nosotros** y **vosotros**)

acordarse → se ac**ue**rde
acostarse → se ac**ue**ste
contar → c**ue**nte
llover → ll**ue**va
probar → pr**ue**be
resolver → res**ue**lva
rogar → r**ue**gue
soler → s**ue**la
sonar → s**ue**ne
soñar → s**ue**ñe
volar → v**ue**le
volver → v**ue**lva

e → i (en todas las personas)

competir → comp**i**ta
despedir → desp**i**da
despedirse → se desp**i**da
impedir → imp**i**da
medir → m**i**da
repetir → rep**i**ta

PRETÉRITO PERFECTO DE SUBJUNTIVO

Verbos regulares

-ar CANTAR	-er COMER	-ir VIVIR
haya cantado	haya comido	haya vivido
hayas cantado	hayas comido	hayas vivido
haya cantado	haya comido	haya vivido
hayamos cantado	hayamos comido	hayamos vivido
hayáis cantado	hayáis comido	hayáis vivido
hayan cantado	hayan comido	hayan vivido

Verbos irregulares

abrir ➔ **abierto**	hacer ➔ **hecho**	resolver ➔ **resuelto**
absolver ➔ **absuelto**	imprimir ➔ **impreso**	revolver ➔ **revuelto**
cubrir ➔ **cubierto**	morir ➔ **muerto**	rompe ➔ **roto**
decir ➔ **dicho**	poner ➔ **puesto**	ver ➔ **visto**
escribir ➔ **escrito**	freír ➔ **frito**	volver ➔ **vuelto**

PRETÉRITO IMPERFECTO DE SUBJUNTIVO

Verbos regulares

-ar CANTAR	-er COMER	-ir VIVIR
hablara/hablase	comiera/comiese	viviera/viviese
hablaras/hablases	comieras/comieses	vivieras/vivieses
hablara/hablase	comiera/comiese	viviera/viviese
habláramos/hablásemos	comiéramos/comiésemos	viviéramos/viviésemos
hablarais/hablaseis	comierais/comieseis	vivierais/vivieseis
hablaran/hablasen	comieran/comiesen	vivieran/viviesen

Verbos irregulares

- Preferir ➔ prefirieron ➔ prefiriera / prefiriese
- Dormir ➔ durmieron ➔ durmiera / durmiese
- Seguir ➔ siguieron ➔ siguiera / siguiese
- Leer ➔ leyó ➔ leyera / leyese
- Tener ➔ **tuvieron** ➔ **tuviera** / **tuviese**
- Poner ➔ **pusieron** ➔ **pusiera** / **pusiese**
- Ir/Ser ➔ **fueron** ➔ **fuera** / **fuese**
- Caber ➔ **cupieron** ➔ **cupiera** / **cupiese**